Psychology: practical methods
you'll want to try right away!

すぐ試したくなる！
実戦 心理学大全《たいぜん》

おもしろ心理学会［編］

青春出版社

その道のプロが使う「心理テクニック」を大公開！

買うつもりはなかったのに、気づいたら買っていた。

嫌なヤツだと思っていたのに、いつのまにか好きになってしまった。

やりたくなかったことが、なぜかやりたくなっている。

そんな経験をした人は、巧みな心理トリックにはまったのかもしれない。だまされやすく、思い込みやすい人間心理のウラをつけば、人は思い通りに誘導されてしまうのだ。

「その道のプロ」と呼ばれる人たちは、多かれ少なかれ人間心理の機微をこころえている。意図的かどうかはともかく、相手の気持ちを察し、自分に都合よく行動してくれるように心理誘導を行っている。

そんな「その道のプロ」たちが使う心理テクニックのすべてを一冊にまとめたのが本書だ。ほんのちょっとした言葉づかいや表現の仕方、目のつけどころによって、人のホンネを見抜いたり、考えや行動を誘導できるこの心理テクニックは、あなた自身のビジネスや恋愛、駆け引きに応用可能である。どう使うかは、あなた次第だ。

２０１６年12月

おもしろ心理学会

すぐ試したくなる!　実戦心理学大全◆目次

STEP 1 NOをYESに変えるビジネス心理作戦

STEP 2 できる人が使っている駆け引き上手の心理戦術

STEP 3 相手を思い通り動かす㊙心理操作テクニック

STEP 4 ふたりの距離を縮める恋愛の心理法則

STEP 5 モテ男が駆使する誘惑のマインドコントロール

STEP 6 相手の心をわしづかみにする心理誘導トリック

STEP 7　何気ない行動から心の中を読む心理洞察術

STEP 8 知らないうちにホンネを語らせるコトバの心理誘導術

STEP 9 なりたい自分をつくる自己暗示マジック

目次

STEP 13 ヤバいときに使える㊙ピンチ脱出法

心理テスト

カバーイラスト　Becris/Shutterstock.com
本文デザイン・DTP　エヌケイクルー
編集協力　坂爪一郎

STEP 1

ＮＯをＹＥＳに変える
ビジネス心理作戦

なぜかOKしたくなる決めゼリフとは？

どの会社にも、一人ぐらいは、頼み事がうまい人間というのがいるものだ。知り合いでも、見ず知らずの人間でも、気軽に話しかけて、頼み事をＯＫさせる。某企業の総務部に籍を置くＡ君も、そんな「頼み事の達人」の一人だ。

総務部という部署柄、社内の調整業務に頼み事は不可欠だ。そこで彼の特技はいかんなく発揮される。営業部と開発部のいざこざでも、彼が間に立つと不思議と丸く収まってしまうのだ。

そうかと思えば、友人の依頼を受けて秘書課の女の子たちとの飲み会をセッティングしたり、社内忘年会に有名歌手を隠しゲストで呼んだりしたこともあった。

どうして、そんなに頼み事がうまいのか聞いてみると、Ａ君はこう答えた。

「心理学だよ、心理学。相手がＯＫしやすい状況をつくるんだ」

いったい、心理学をどのように使っているのだろうか？

「**好意の返報性**というのを知ってる？」とA君。

好意の返報性？

「そう、**人は相手から好意を示されると、同じだけの気持ちを返したいという思いになりやすい**んだ。それが好意の返報性」

なるほど、いい評価には、こちらもいい評価で応えたいという人間心理を利用するわけか。

「そういや最近、営業部の成約率落ちてるな。好意の返報性を使ってみたら？」

どうすればいい？

「そこまで、オレが考えるの？　たとえば、契約手前までこぎつけたら、『ぜひ契約してください』とひたすら頭を下げるんじゃなくて、『私はぜひ御社のようなすばらしい会社と契約を結びたいと思っています。何度か足を運ばせていただき、ますますそう感じるようになりました』と言ってから、『御社のほうはどうでしょうか？』と聞いてみたらどう？　ただ頭を下げられるより、ずっと首を縦に振りやすいと思うけどな」

フムフム、今度やってみよう。

情報を出す順番で イメージはこれだけ変わる

すごくいい話をもってきてもらったのに、あまりにいい話すぎて、逆に疑ってしまう。そんな経験、誰にもあるにちがいない。

あまりにもプラスの情報ばかりを聞かされると、「そんなできすぎた話、あるわけがない。何かウラがあるに違いない」とかえってその信憑性《しんぴょうせい》を疑うものなのである。実際、いいことずくめの話には、とんでもないウラがあることが多いのは事実である。

この法則は、ビジネスの現場でも成立する。商品を買ってもらおうとするときは、とかくメリットを強調して、いいことずくめであるかのように説明するが、それが逆効果になることも少なくない。

「絶対に儲かる競馬の必勝法を格安でお教えしますよ」というのと一緒で、「そんなに儲かるなら、人に教えず、自分だけでやっていたらいいじゃないか」と考える。だから、メリットばかりを並べ立てると、逆に警戒されて、客は買うのをためらってしまうのだ。

商品を説明するときには、若干マイナス要素も交ぜておいたほうが信頼性は高くなる。マイナス要素が少しは交ざっているほうが、話の真実味を高めるのだ。

ただし、その順序が問題。

次の二つの言い方を見ていただきたい。

Ⓐこの商品は高機能で、耐久性もありますが、デザインがあまりよくないんです。

Ⓑこの商品はデザインはいまいちですが、高機能ですし、耐久性も抜群です。

さて、どちらの言い方のほうが相手の関心を引くことができるだろうか。

おそらく、ほとんどの人がⒷと答えるに違いない。そのとおりである。プラス情報を先に出して、後からマイナス情報を付け加えると、マイナスがプラスを打ち消してしまう。逆に**マイナス情報を先に出してからプラス情報を提示すると、プラスがマイナスを補って余りあるイメージを演出することができる**のである。

話の信憑性を高めるには、ほんの少しマイナス要素をスパイスのように利かせておくのが有効である。そのとき気をつけなければならないのは、まずマイナス情報を少々出しておいてから、プラス情報を説明すること。説得力を高める話の順序は、「マイナス↓プラス」と覚えておこう。

商売には不可欠の「デッドライン・テクニック」

「デッドライン・テクニック」というものをご存じだろうか。言葉は知らなくても、誰もがデッドライン・テクニックに翻弄されているのである。

たとえば、テレビショッピングなどで、「300個限定ですから、お早めにお電話ください」などと言われて、電話に飛びついた経験はないだろうか？　これぞ、まさしくデッドライン・テクニック。

要するに、「限定」をちらつかせて、行動を促す心理操作である。

世の中はデッドライン・テクニックで満ちあふれている。期間限定で商品を値下げするバーゲンセールはその代表的なものだし、「夕方5時から1時間だけ商品半額」などというタイムセールもデッドライン・テクニックの一つだ。また、「本日限り」「お一人様3個限定」なども、期間や個数を限定して購買意欲を誘うものである。

セールストークでも、デッドライン・テクニックはよく使われている。

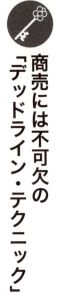

「今日ご契約いただけるなら、20％割引いたします。キャンペーンは本日までですから、もしご購入を考えておられるのなら、いまが絶好のチャンスですよ」

また、こんな使い方もある。

「○○様はお得意様ですから、特別に10％割引させていただきます。でも、ほかのお客様には黙っていてくださいね」

特別扱いをしてお客の気分を良くさせ、財布のヒモをゆるめさせようという作戦だ。

使える領域は、セールスばかりではない。たとえば、野球。9回ウラ、二死満塁でリリーフエースがマウンドへ。監督がボールを手渡しながらささやく。

「頼んだぞ。このピンチをしのげるのは、おまえだけだ」

「おまえだけ」という限定に、気持ちが燃えないはずがない。監督の特別な期待に応えようと全力投球するのだ。

あなたも誰かにものを頼むときは、

「頼りになるのは、キミしかいないんだ」

「キミなら絶対にやれる」

というように、「あなた限定」を強調してみたらいかがだろうか。

相手にNOを言わせない「二つの選択肢」

あなたは、新しくオープンしたスポーツクラブの営業担当。新規会員獲得のために、どんなセールストークを考えるだろうか。

「駅前に新しくオープンしたスポーツクラブです。健康のために運動をしませんか?」

「新規入会キャンペーン中です。いまなら入会金50%オフです。いかがですか?」

これでは、なかなか興味をもってはもらえない。できる営業マンは、まったく違う方法論を実践する。ズバリ**「相手にNOを言わせないセールストーク」**だ。

先の二つのセールストークでは、客がNOを言えてしまう。だから、肝心の説明をする前に断られやすい。重要なのは、お客さんがNOを言えないような聞き方をすることである。

たとえば……

「精神的なストレスと体力の衰え、どちらが気になりますか?」

このように聞くと、ほとんどの人が、「ストレスかな」「体力の衰えだね」とどちらかを答えるだろう。NOという選択肢はないことがポイントである。どちらかを答えてもらえば、説明の機会を与えられたことになる。ストレスが気になるという人なら、

「対人関係や仕事のストレスの多くは、体を動かすことによって発散することができます。また、運動後のリラクセーションもストレス減退に効果的であることが、科学的に確かめられています。社会人のための夜のみのコースもご用意していますが、一度見学だけでもいらしてみませんか？」

相手は、はじめの質問に答えてしまった手前、なかなか断りづらい。そのため、「とりあえず、見学だけなら」ということでアポイントを承諾するのである。

このように、**最初に「○○と××、どちらがいいですか？」と二つの選択肢を提示する**のは、セールスの重要なテクニックの一つである。YESやNOで答えられる質問を回避して、二者択一でどちらかを選ばせるような質問をするのである。

YESやNOで答えられる質問では、NOと言われれば、そこでおしまいだが、この二者択一の質問ではどちらかを答えれば会話が成立する。一度、会話が成立してしまうと、人は会話を打ち切りにくくなり、相手の要求を断りづらくなるのだ。

マイナスのイメージをプラスに転換する方法

一般的に言って、最寄り駅から徒歩時間が長いほど不動産物件は売れにくい。不便だからである。「駅からバス20分、徒歩15分」ともなると、かなり遠距離ということになり、敬遠されることが多い。東京都内ならまだしも、郊外ではかなり価格を落とさないと売れ残る確率が高い。

このような場合、売り文句は逆転の発想で、**不便なことを逆手に取る**ことも必要だ。たとえば、こんな具合。

◎繁華街から距離がある↓「喧噪から離れて、ホッとする憩いのひとときを得られます」
◎田舎の畑を開発した土地↓「自然に囲まれて、本当の豊かさを実感できます」
◎最寄りの駅から遠い↓「この距離感だから実現できる余裕のスペース」

マイナスポイントをなんとかプラスに感じることができるように、表現をあれこれ工夫するわけだ。

だが、某不動産会社のエース営業マン氏は、まったく違った手法でアプローチし、高い実績を上げている。彼が案内するお客さんは、かなりの確率で不便な土地の物件を契約していくのだ。いったいどんな手を使っているのか？

彼は案内するお客さんに、不便であることを包み隠さず話すという。まず、マイナス情報を開示するわけである。そして、その後でこう切り出す。

「たしかに、いまはまだ不便で開けていません。でも、10年先、20年先を考えてみてください。ここはいま開発が進んでいますから、この10年の間に住宅が建ち並び、大きな住宅街になってくるでしょう。商店街ができ、大型スーパーができ、電車も通るはずです。そうなれば、地価はグッと上がりますから、現在の価格で買うことはできないでしょう。いいですか、よく聞いてください。将来を見通せば、いまが買いなんです」

彼は、お客の視点を未来に向けさせ、そのとき享受できるメリットを感じさせているのである。現在の不便さに多少目をつぶっても、未来で得られるゲインはそれを補って余りあるものだと**お客の意識に刷り込んでいる**のだ。

マイナスをなんとかプラスに転化しようと、苦しい説明を繰り返す営業マンが苦戦する中で、彼は一人、未来への期待を語ることによって次々と契約を取っていく。

大きな要求を通すための「フット・イン・ザ・ドア」

ある中堅広告代理店は、某有名食品メーカーの広告を一手に引き受けている。ふつう有名企業の広告は、大手代理店が入るものだが、どうやって食い込んだのだろうか。その秘密を尋ねると、中堅広告代理店の社長は、笑いながら言った。

「小さなことからコツコツと。いや、これは決して冗談なんかじゃないんだ。本当にそうやって仕事を取っていったんだよ」

うーむ、ホントなのだろうか？

「ホントさ。テレビＣＭや雑誌広告といった大きな仕事は大手さんが握っていたから、われわれは地方の支店や販促会社のチラシやダイレクトメールなんかの小さな仕事から始めたんだ。そういう小さな仕事は大手さんはやりたがらないからね」

儲けにならないし、大手はプライドが高いですからね。

「そういうことだな。われわれは、そういう小さな仕事でも手を抜かずにきちんとやった。

そして、それが認められると、もう少し大きな仕事をくださいとお願いしたんだ。その仕事もきちんとやって、またもう少し大きな仕事をとお願いしていき、気づいたときには大手さんがいなくなっていたというわけさ」

この話は、非常に示唆に富んでいる。ほかの人があまりやりたがらない仕事を積極的に引き受け、丁寧な仕事ぶりで信用を築き、より大きな仕事へとステップアップしていく。絵に描いたような成功譚《たん》のようだが、これは心理学的にもうなずける戦略である。

相手がOKしやすい要求から始めて、しだいに要求を大きくしていく方法を**「フット・イン・ザ・ドア・テクニック」**という。

セールスマンがドアに足を挟んで閉められなくしたら、商品を買ってもらったも同然だということからきたネーミングだが、**人は一度要求をのんでしまうと、それより少し大きい要求をされても断りづらい**ものなのだ。

この事例から、二つの教訓を学ぶことができる。一つは、大きな仕事を取るには小さな仕事をおろそかにしてはいけないということ。もう一つは、人に大きな頼み事をするときには、まず小さな頼み事をして承諾を得るようにしておくということだ。

はじめに拒絶させ、最終的に要求を通すワザ

では、フット・イン・ザ・ドア・テクニックの逆パターンもご紹介しよう。

カメラマンのB氏は、脱がせるカメラマンとして有名である。これまで有名女優やアイドルのヌード写真集を何冊も手がけてきた。なぜ、彼がヌード撮影を承諾させることができるかというと、あるテクニックを用いているからである。

B氏は、「この人が脱いだら売れる」とターゲットを定めると、いきなり「ヘアヌード写真集をやりましょう」と持ちかけるという。当然、相手は断ってくる。そこで彼は、「わかりました。じゃあ、通常のグラビア撮影でいきましょう」と要求を下げてくる。

ヘアヌード写真で一度断りを入れているので、相手は二度も続けては断りづらい雰囲気になる。そのため、「普通のグラビア撮影なら」ということでOKを出す。

撮影に入ってしまえば、あとはB氏の独壇場である。普通のポートレートから撮り始め、しだいに露出の多い衣装に変更していく。そして、下着姿、ついには下着を取ったセミヌー

ド、最終的にはヘアヌードへと持ち込んでいく。
このように、人は一度相手の要求を断ると、次の要求を断りづらい心理状態になる。これを利用して要求をのませるテクニックが、**「シャット・ザ・ドア・イン・ザ・フェイス・テクニック」**である。**拒否させて譲歩を引き出す戦術**といえる。

アンダーグラウンドの世界では、ちょっと怖い使われ方もされる。あるヤクザがつき合いのある商店主にこう持ちかけた。

「今度、○○金融から500万の融資を受けるんだが、保証人になってくれねえか？」

保証人になったら最後、借金の返済をすべてこちらに回されることは目に見えている。

商店主は平謝りに謝り、保証人だけは容赦してほしいと頼み続けた。すると、ヤクザはこう言うのである。

「そこまで言われちゃしょうがない。今回は諦めるよ。その代わり、100万回してくれねえか。3カ月後には耳そろえて返すからよ」

保証人から逃れられ、安堵した商店主は、その申し出を了承した。500万が100万になったのだから、安いものだ。商店主はそう思ったが、もちろんヤクザははじめから100万を引っ張るために、500万の保証人の話を持ちかけたのである。

実は周到に計算された政治家の「私を男にしてください」

ある県知事選の一コマ。保守系の候補者が突然演壇を下りると、床に膝をついて土下座を始めた。

「○○をどうかよろしくお願いいたします。勝たせてください。男にしてやってください」

頭を床に触れんばかりに深々と下げ、候補者は演説でかれた声を張りあげて叫んだ。

それを目にした、某新聞社政治部の新米記者は、「まったくプライドってものはないのかよ」と吐き捨てるようにつぶやいた。

だが、隣にいた先輩記者は、苦笑いしながらこう言った。

「おまえも、まだまだ青いね」

「先輩、青いってどういうことですか？」

新米記者が食ってかかる。

「土下座や『私を男にしてください』というセリフは、おまえが思っている以上に効果があるということさ」

「でも、土下座なんて古くないですか。こんなことばかりやってると、有権者にそっぽを向かれちゃいますよ」

「バカだなあ。地縁や血縁を中心とした地盤で選挙をやっているようなところは、土下座と男にしてくださいが鉄板なんだ。清き一票を、なんてやってみろ。どれだけ票が逃げていくか」

そうなのである。実は、**「私を男にしてください」と土下座して頼み込むのは、効果的な心理操作**なのだ。

「一票を私にください」とやると、有権者に一票の重みを意識させてしまいかねない。その結果、「本当にこの候補者でいいのだろうか」と、投票に慎重になることもありうる。だが、「私を男にしてください」と土下座して頼み込むと、**相手は優越感をくすぐられ、なんとか助けてやろうという気持ちが働く**のである。

もちろん、やっている候補者はそのことを十分承知している。土下座でも浪花節《なにわぶし》でも、当選さえすればお安いものである。望むのは、プライドよりも議員バッジだ。

思わずYESと言ってしまう
ボケとツッコミの掛け合いテク

「おい、コラーッ！　とぼけたこと言ってんじゃねえぞ。ボケーッ！」

と若い衆が吠《ほ》え立てる。その筋の借金の取り立て屋だ。

「まあまあ、シンヤ。そう荒っぽい声をたてなさんな」

もう一人の男が、若い衆をたしなめる。若い衆の兄貴分といったところか。

「だって兄貴、こいつグダグダ言い訳ばかりしやがって。話してわからないなら、マグロ船にでもぶち込んじまえばいいんすよ」

「アホ、てめえは何を寝ぼけたこと言ってんだ」

そう言うと、兄貴分は若い衆に派手な平手打ちを食らわせた。

「こちらは、なにも返さねえっておっしゃってるわけじゃねえだろ。いろいろ大変なんだよ。ねえ、旦那、そうですよねえ。オレたちを手ぶらで帰すなんて考えてませんよねえ」

兄貴分はやさしく微笑みながら、商店主に声をかけた。しかし、その目は決して笑って

いない。二人のやりとりを見ていた商店主は震えあがり、

「と、と、とにかく利息分は今日中に用立てしますから、4時、いや3時まで待ってください」

と土下座して懇願した。

もちろん、ヤクザ衆二人の掛け合いは出来レース。あらかじめ打ち合わせておいた演技だ。一人が強面《こわもて》を演じ、もう一人がそれをなだめる役を演じる。いわば漫才のボケとツッコミのようなものである。その結果、相手は「うん」と言わざるをえない状況になる。これが「ボケとツッコミ・テクニック」である。

これはビジネスなどの交渉の現場でも応用できる。押しの強い部下をツッコミ役にして、上司がボケ役を演じる。

「こんな条件じゃ、絶対のめませんよ。なしにしましょう」と声を荒げる部下に、

「まあまあ、そう興奮するな。すみませんね、ぶしつけなヤツを連れてきちゃって」

とおだやかな口調で語りかける。**相手は二人がときどき衝突をおこす掛け合いに翻弄され、いくばくかの譲歩条件を提示して最終的な合意にこぎつける**のである。

ただし、このテクニックは絶妙なコンビネーションが必要。二人の息が合わないと、途中で破綻してしまう危険性があることもお忘れなく。

頼み事にも拒絶にも使える便利なフレーズとは

銀座のクラブのママは、店の顔であると同時に、人間心理の達人でなければならない。ホステスのタイプを見きわめて、どのような手でお客さんに取り入るかをアドバイスしたり、至らないところがあれば注意する。このとき、ホステスのプライドを傷つけないように伝えることができるかどうか。お店の女の子たちのママに対する信頼は、そこにかかっている。

「やっぱり、言葉の使い方よ。相手にソフトに伝わる言い方をどれだけ知っているかね」

たとえば、どんな言い方ですか？

「じゃあ、ひとつだけ教えてあげるわね。**『だからこそ』**っていう言葉は、とっても便利よ。たとえば、**叱るとき**は、はじめに何がいけないか、どこを直してほしいかをはっきりと口にして、その後で、『あなただからこそ、きつく叱るのよ。他の子にはこんなこと言わないわ』ってフォローするのよ」

お店にとって大事な存在だから、あえてきつい叱り方をしたというニュアンスですね。

「そう、それから、**頼み事をするとき**にも使えるのよ。『あなただからこそ、こんなことをお願いするのよ』ってね。これは、お客さんにも使えるわね。『今月は売り上げが足りないの。来てくださる？　こんなこと頼めるの、あなたしかいないのよ』ってね」

なるほど、「だからこそ」という言葉がとても便利だということがよくわかりました。

その夜、ママはホステスの一人にこう切り出した。

「実はね、常連のKさんがお店の女の子を一人貸してほしいって言うのよ。外国のお客さんを接待するときに、案内役がほしいんですって。わかるでしょ、夜のおつきあいも含めて。あなただからこそ、こんなこと頼めるのよ」

ホステスはしばし考えて、

「ママがあたしを買ってくださる気持ちは、とてもうれしいです。でも、だからこそ今回のお話はお断りさせてください。そんな大役、あたしには務まりません。ママの顔に泥を塗ることだけはできませんから」

ほほう、「だからこそ」返し。「だからこそ」は**説得を一度受け入れたかのように見せかけて断るときにも使える**のか。これは便利な言葉だな。

不利な条件をのませる「ローボール・テクニック」

クルマを買い替えようとディーラーを訪れたCさん。あるクルマを気に入っていたが、ちょっと予算をオーバーしそうだ。現在乗っているクルマを下取りに出しても、30万円ほど足りない。どうしようか悩んでいると、ディーラーの営業マンがやさしく言った。

「下取りのクルマは状態もいいですから、あと30万円は値引きできそうですよ」

それなら買い替えられると、Cさんは喜んだ。家に帰ってからも、新しいクルマでどこに行こうかと楽しい想像をふくらませる。

そのとき、ディーラーの営業マンから電話がかかってきた。

「上司にはかったところ、30万の値引きをはねられてしまいました。いけると思ったんですが、力が及ばずすみません。それで、いかがいたしますか？」

いかがいたしますかと言われても、気持ちはもう新車へと動いてしまっている。Cさんはなんとかあと30万円を用立て、新しいクルマに買い替えた。

営業マンの思わせぶりな言葉に振り回されたように見えるCさんだが、実はここに周到に計算された心理操作があることにお気づきだろうか？

はじめに取りやすい低いボール（ローボール）を提示して、後から不利な条件（ハイボール）を明かす**「ローボール・テクニック」**と呼ばれるものだ。はじめのローボールでその気にさせられているから、後でそれは間違いでしたと言われてもあきらめきれない。それにキャンセルするのも面倒な気になってくる。その結果、相手の不利な条件をのんでしまうというわけである。

人はいったんＹＥＳを口にすると、それを引っ込めにくくなる。ＯＫを出したことを反故にすることに罪悪感が生じるのだ。本当は約束をたがえたのは相手のほうなのに、約束は守らなければならないという義務感もある。ローボール・テクニックは、そうした人間心理を巧みに突いて、**「まあ、しょうがないからいいや」という気にさせる**のだ。

これはビジネスの現場でも使える。

最初からすべてを明かしたら却下されそうな条件は、とりあえずいい話からしたほうがいい。相手が乗ってきたら、少し時間をおいて条件の変更を切り出す。これでＯＫの確率はグンと高まるはずだ。

相手を説得するなら食事に誘いだせ

政治は料亭で動くといわれる。また、ビジネスの世界でも有名レストランでの接待や、食事をしながら商談するパワーランチなど、なにか物事を決めるとき、食事がセットになっていることがよくある。

これは相手に対するおもてなしの気持ちを表すためだけではない。心理学的に見ても、食事が意思決定に及ぼす効果が実証されているのだ。

ある実験で、ピーナツを食べたり、コーラを飲んだりしながら評論を読むグループと、何も飲食せずに読むグループに分け、感じ方がどう異なるか調べた。

結果はどうだったか。

ものを食べたり、飲み物を飲んだりしながら読んだグループのほうが、飲食せずに読んだグループと比べて圧倒的に評論の意見に賛成する人が多かったのである。このことは、**人は何か食べているときのほうが説得されやすい**ことを示している。

なぜ、食事をしているときは説得されやすいのか。食事をしているとき（とくにお酒が入るとき）は、**いつもよりリラックスするため、相手の話を素直に聞く**からだという。また、食べながらだと、発言そのものがしにくく、激しい意見の応酬にはなりにくい。つまり、なごやかな雰囲気で話が進み、その流れでなんとなく説得されてしまうのである。

もし、あなたがタフな交渉相手を説得しなければいけないのなら、とにかく食事に誘いだして、リラックスした雰囲気の中で話をしたほうがいい。殺伐とした会議室で対峙するよりも、話がまとまる確率はグンと高まるはずだ。

社内のネゴシエーション（交渉・折衝）でも効果を発揮する。

上司に意見を通したいときは、まともに企画書を提出するよりも、社内の飲み会で上司の横に座り、「こんなことを考えているんですよね。ご協力いただけないかと思って」ともちかけてみてはどうか。普段は部下の意見をにべもなく却下する上司も、「ふん、よし検討してみるか」と言ってくれる確率は高まるだろう。

また、会議が荒れそうだと感じたら、途中でコーヒーとクッキーなどを出すお茶休憩をはさんでみることだ。あんなに不穏な空気だった会議が、一転してなごやかになることもよくあることなのだ。

心理テスト
1

読みたい本から○○がわかる

今夜は遅くまで本を読もう。そんなとき、あなたが選ぶ本は？
①過去の偉人たちが活躍する歴史物
②手に汗握るサスペンス
③手軽に読めるマンガ
④自分磨きのための自己啓発本
⑤真実の中にこそドラマがあるノンフィクション

【解説】このテストは、あなたの心の傾向を探るものです。

①を選んだ人……手柄を立てて立身出世していく物語を好む人は、上昇志向が強く、自己評価が高いといえます。
②を選んだ人……いつも何か刺激を求めています。いろいろなことにチャレンジしてみれば、思わぬ出会いや発見があるかも。
③を選んだ人……想像力が豊かでロマンチスト。男女ともに惚れっぽい人が多く、すぐに胸がときめいてしまいます。
④を選んだ人……自分を高めようと前向きに努力する人です。ただ、憧れの人や尊敬する人の考えを疑いなく受け入れてしまいがち。
⑤を選んだ人……現実を真正面からとらえて深掘りする、地に足がついた人です。高い思考力もあります。

STEP 2

できる人が使っている
駆け引き上手の心理戦術

場の主導権を握ることができる
ネゴシエーターの極意

「目に力がある」「目が輝いている」「イキイキした目だ」「やさしい目をしている」など、目にまつわる表現は数多い。それだけ目には感情が表れやすいということだろう。

格闘技の世界では、強い目力を持っているほうが有利だと言われる。ボクシングやK－1などの試合直前、リング中央で対戦者同士がお互いににらみ合い、激しく火花を散らす。目をそらしたほうが負け。目をそらすのは、相手に対して気後れしていることを示すからだ。

ところが、交渉事においては必ずしもそうとは限らない。そう言うのは、ある企業で数々の難しい案件を処理してきたタフ・ネゴシエーター氏である。

交渉の席で、相手と対峙する。笑顔のときもあれば、厳しい表情のときもあるが、相手の目をじっと見る。先の格闘技の例にならえば、目をそらさずに力強く相手を見据えているほうが、その後の交渉を有利に展開できそうだが、実際は、先に目をそらしたほうが、**場の主導権を握ることができる確率が圧倒的に高まる**というのだ。

それは、なぜか？　先のタフ・ネゴシエーター氏は、次のように説明する。

一般的に、お互いに視線を合わせている状況のとき、先に目をそらされてしまった側の人間は、多少なりとも不安を抱く。

「相手の気分を害したのだろうか」

「不愉快にさせたのだろうか」

「こちらに不利な条件を提示するつもりなのだろうか」

「交渉を打ち切ってもいいと考えているのだろうか」

こんな考えがちらりと頭をかすめると、無意識のうちに気後れが生じ、知らず知らずのうちに相手のペースに合わせてしまうというわけだ。

心理学の実験でも、不安な気持ちを持っているほうが、相手の目をそらさずに見つめる時間が長いという結果が出ている。

「押すばかりが能じゃない。引くことも駆け引きの重要なテクニックの一つなんです」

百戦錬磨のネゴシエーター氏はそう言って、華奢《きゃしゃ》で細面《ほそおもて》の顔に笑みを浮かべる。どうやら、強気一辺倒でいくことだけが、交渉事を有利に進める秘訣ではないようだ。

会議の心理戦を制する、着座の位置の深い関係

ダラダラと長時間続き、その割には実りある結論が出ない社内の会議。こんな会議に閉口しているビジネスマンは少なくないだろう。ダラダラ会議は、仕事の効率を著しく妨げるばかりでなく、モチベーションを低下させる原因ともなる。しかし、そんな会議もベテラン・マーケッター氏にとっては、格好のトレーニングの場だという。

「社内の会議も、プレゼンと考えれば、いい練習の機会になります。こちらの提案を通すために、戦略を持って会議にのぞむわけです。このとき、スティンザーの法則を知っていると、けっこう役立ちますよ」

「スティンザーの法則」とは、アメリカの心理学者スティンザーが発表したもので、三つの原則から成っている。

①かつて同じ会議で議論を戦わせたことがある相手が参加しているときは、その相手の正面に座る傾向がある。

②ある発言がされると、その次の発言は賛成意見よりも反対意見である場合のほうが多い。

③議長のリーダーシップが弱い場合には、会議の参加者は正面の相手と私語をする傾向にあるが、議長のリーダーシップが強い場合には、隣の相手と話したがる。

この三つの原則を知っておくと、会議を円滑に、しかも自分の思うようにコントロールしやすくなる。

たとえば、**空席がたくさんあるのに、あえてあなたの正面に座る人は、あなたに対して何か言いたいことがある**と考えていい。あらかじめ対策を考えておくにこしたことはないだろう。また、こちらが提案を行った後にすぐさま賛成意見を述べてもらうように、あらかじめ根回ししておく。そうすると、賛成意見が大勢を占めやすくなる。

さらに、会議の出席者の私語の状況を観察していれば、議長がどれくらいの力を持っているかがわかる。議長を頼りにするか、それとも自分たちが議事進行を誘導したほうがいいかの目安になる。

このスティンザーの法則は、国会議員も応用しているほど利用価値の高いものだ。覚えておいて損はないだろう。

遠くの大成果より、近くの小成果が成功の秘訣

ほんの少し我慢すれば少しの報酬がもらえるものを**「衝動性選択肢」**と呼ぶ。

反対に、多く我慢すれば多くの報酬が得られるものを**「自己制御選択肢」**と呼ぶ。

この衝動性選択肢と自己制御選択肢には相関関係があり、目的が近くにあるときは衝動性選択肢を選ぶ確率が高く、目的が遠いところにあると自己制御選択肢を選ぶ確率が高くなる。

たとえば、ダイエットをしているときにどうしても甘いものが食べたくなったとしよう。しかし、甘いものを食べるには1時間歩いて店まで行かなければならない。この場合、「ダイエットして痩《や》せたい」というのが自己制御選択肢で、「甘いものを食べたい」というのが衝動性選択肢である。

もし、甘いものを食べるためには1時間歩かなくてはならないとしたら、「やっぱり我慢しよう」と思う人が多いだろう。つまり、目的が遠くにあるために、自己制御選択肢を選んだわけである。

しかし、目の前に大福があったとしたらどうだろう。誘惑に負けて、大福を食べてしまうのではないだろうか。目的が近くにあるので、衝動性選択肢を選んでしまうということである。

これをビジネスに応用するとどうなるか。経営コンサルタントのT氏が常に心がけているのは、**「遠くの大成果より、近くの小成果」**だという。

「たとえば、5年で利益を2倍にする戦略を提案するより、1年で利益を20％アップする戦略を提案したほうが、強くアピールできるんです。つまり、実現するのに時間がかかる壮大な計画をぶち上げるよりも、すぐに実現でき、成果をあげられる小さな計画を示したほうが受け入れられやすいということです」

このスピード化の時代、「時間をかけてじっくりと」というものはますます受け入れられにくくなっている。短期的に、確実に成果をあげられるものが求められているのである。

したがって、**衝動性選択肢が選ばれる確率はいっそう高まっている**と言える。

しかし、早く成果があがるものが、必ずしもベストな解とは限らないとT氏は言う。時間をかけたほうがいい場合も当然ある。それをクライアントにいかに理解してもらうか。そこがまた難しいところである。

雑音で「思考妨害」するのも交渉のうち

試験勉強をしているのに、隣の部屋で大宴会が始まり、まったく集中することができなかった。大事な企画を考えているのに、道路工事の音がうるさくて考えをまとめることができなかった。こんな経験は、誰でも一度や二度はしていることだろう。理由は簡単だ。うるさい音が思考を邪魔し、集中してものを考えることができないからである。

実際に、心理学の実験でも、雑音が思考を妨げ、細かい内容を精査できずに大まかな判断しかできないことが明らかになっている。何もしていないグループと、イヤホンで音楽を聴いているグループに、理不尽な要求をしたところ、何もしていないグループはほぼ拒絶したのに対して、**音楽を聴いていたグループはかなりの割合で要求を受け入れた**のである。

これをビジネスに応用している人がいる。大手商社に勤めるH氏だ。

「普通は交渉をする場合、お互いに内容をはっきり煮詰めるものですが、こちらの提案にあまり自信がないとき、たとえば、他社の提案より劣っていることがわかっている場合とか、時間がなくて綿密な計画が立てられなかったときなどは、意識的に雑音を利用します」

実際には、どのように雑音を利用するのだろうか?

「原始的な方法なんですけどね、交渉する場所を接待も兼ねてジャズバーなどにするんですよ。よく使う店は、少し声を大きくしないと聞こえないくらい音楽が鳴っているので、精密な思考は妨げられると思います」

それで、成果はあがっているのだろうか?

「これが、案外うまくいくことが多いんですよ。それに、ジャズバーの接待も喜んでもらえたりね。思考を妨害して契約が成立したり、接待まで喜んでもらったり、これでいいのかって思うこともありますけどね」

この方法は、あなた自身の仕事にも生かせそうだ。たとえば、道路工事で騒音がうるさいときを見計らって企画を上司に提案したり、同行営業途上のうるさい電車内で重要な話を切り出すのである。雑音をうまく味方につければ、仕事を自分の都合に合わせて回すことも不可能なことではない。

会話の主導権を握る、効果的な間のとり方とは

大阪北新地の売れっ子ホステスMさんは、さすが「しゃべくりの街・大阪」でもまれているだけあって、マシンガンのように繰り出されるトークで人を飽きさせない。しかも、その裏側には人間心理を突いた絶妙のテクニックが隠されている。

「たとえばね、『すごいことがあったんだ』ってお客さんが言ったら、『すごいこと？』って繰り返すの。これ、相手の好感を引き出すミラーリングっていう心理テクニックなんだけど、そこにスパイスをもうひとつまみ加えるの。それだけで、ずいぶん違うのよ」

どんなスパイスを加えるのだろうか？

「それはね、間《ま》よ。『すごいことがあったんだ？』ってお客さんが言ったら、『へえ』って答えて、ひと呼吸おいてから、『どんなことがあったんですか？』って聞くのよ」

なぜ、ひと呼吸おくのだろう。

「繰り返しただけじゃ、会話の主導権は相手にあるでしょ。ただ相手に合わせているだけ。

それじゃあ、メンタルな駆け引きができないの。男性がクラブに来るのは、ホステスとメンタルな駆け引きを楽しむためなのよ」

どうしてひと呼吸おくことが、駆け引きになるんでしょう？

「もう鈍いわね。間をとることで、相手は待ちの状態になるでしょ。そのとき、ちょっとドキドキするのよ。どう思ったのか、この話に興味がないのか、どんなリアクションをするのかってね。その時点で会話の主導権はこちら側に移るわ。その後で、『どんなことがあったんですか？』って聞くと、相手はやっぱり興味を持っていたんだと思って、とても喜ぶの。そういう**ドキドキを繰り返すと、こちらに対する好感度が倍増する**のよ。わかった？」

無意識のうちに、術中にはめるわけですね。

「そういうこと。あからさまに気をもたせるんじゃなくて、ミラーリングの変形として使えば、お客さんにも違和感がないでしょ」

…………（十分に間をとって）、ホントに違和感がない。

「でも、間をとりすぎると、逆に鈍い印象になっちゃうから気をつけてね」

お客が口説いてきたときほど、絶好の営業チャンスになる

新人キャバ嬢のミユキちゃんの教育係となったアサミ姉さんは、キャバ嬢の心得を教えるのに毎日大忙しである。今日も相談を受けていた。

「アサミさん、ちょっと相談したいことがあるんですけど」

「なあに、ミユキちゃん」

「実は、いまいち成績が伸びなくて、店長からもっとがんばれって言われちゃったんです」

「そうねえ、ミユキちゃんは同伴出勤が少ないわね。もっと、お客さんにアプローチしなきゃ。いい手を教えてあげるわ。今度デートしようとか口説いてくるお客さんはいる？」

「います、います、たくさん」

「あ、そう……。そういうお客さんをひっかけるのよ」

そう言ってアサミ姉さんは、新しいテクニックをミユキちゃんに授けてくれた。その夜、ミユキちゃんは、さっそくそのテクニックを試してみることにした。

「ミユキちゃん、今度の休み、オレとデートしようよ。遊園地とか行きたくない？」

常連のNさんが、ミユキちゃんに誘いをかけてきた。

「それがねえ、ダメなの」

「なんで、ダメなの？」

「あたし、指名と同伴のポイントが少なくてお休みが取れないの」

「え！　休みないの？　それなら、今度オレが同伴してやるよ。いつがいい？」

ミユキちゃんは笑いを噛み殺しながら、

「ホント？　うれしい」

とNさんに抱きついた。こんなにうまくいくとは思っていなかったのである。

人が何か頼み事をしてきたら、こっちも頼みを聞いてもらいやすくなる。だから、お客さんが口説いてきたら、指名や同伴を増やす絶好のチャンスとなるのだ。

キャバ嬢のかわいそうな話に同情している人はいないだろうか。それは、売り上げをあげるための方便であることが多い。もっとも、そんなことは百も承知で遊んでいる人が大半であろうが……。

相手の悩みを探り当てる、占い師のトークテクニック

朝のテレビ番組にも、雑誌にも、必ずあるのが占いのコーナー。こんなに占いが多いのは、それだけ占い師に心理操作が巧みな人が多いということだ。ビジネスや接客の心理戦にも応用できるテクニックが満載なので、いくつか知っておくと役に立つかも。

たとえば、「あなた人間関係で悩んでいるでしょう」というセリフは、占いの常套句《じょうとうく》である。いきなりそう言われた人は、「なんでわかるの！」と驚くが、実はタネもしかけもない。**人が抱えるほとんどすべての悩みは、人間関係に行き着く**からである。

また、きわめて一般的なことを、もってまわって言うのも占いの特徴である。

「あなたはとっても愛情深いけれど、それを伝えるのが下手ね」→人間関係で悩んでいる人はたいていそうですな。

「信頼していた人から裏切られたことがありますね」→彼女、彼氏にふられた。友だちに悪口を言われた。そんな経験をしたことのない人がいるなら会ってみたいもの。

「決断を急いで失敗したことがありますね」↓人生なんて、失敗した決断の山じゃないですか。

どれもこれも、当たり前のことばかりだが、何もかもわかっているんですよという顔で言われると、「この人は見通せるんだ」と思ってしまう人がいるのである。

そして、相手の答えがＹＥＳでもＮＯでも当たったように見せかける究極の言葉のテクニックがある。それは**「まさか……ではありませんよね？」**という否定疑問文を駆使する方法。

「あなた、まさか職場の人間関係に悩んでいませんよね？」

「ええ、そうなんです。実は部下のことで……」

というＹＥＳの答えが返ってきたなら、

「やっぱり、そうでしょう」と言えばいい。

「いえ、職場じゃなくて、いまつき合っている彼氏のことなんですけど」という答えなら、

「やはりね。職場の人間関係じゃないと、このカードにも出ていましたよ」

と言うのである。どちらに転んでも、「ほらね、私の言うことは当たっているでしょ」という態度で切り返せば、「やっぱり、わかってるんだ」と思い込んでしまうのだ。

簡単に未来を予測できる言葉のトリックとは

未来を予測することは、心理操作の巧みな人にかかればお茶の子さいさいである。

「近いうちに、思いがけない人から連絡があるでしょう」

ある占い師はこう予言した。すると、数週間後、何年も会ってなかった友人からメールが届いた。なぜ、このことがわかったのだろうか？

冷静に考えれば、タネも仕掛けもない、きわめて簡単な言葉のトリックである。「近いうちに」というのはいったいどれくらいの期間を指すのか。数日か、数週間か、数カ月か、取りようによってはどうとでもなる。また、「思いがけない人」とはいかなる人か。長い間会っていなかった人か、昔の職場の人か、学生時代の友達か、それとも、ふだんは電話やメールのやりとりなどしていない人なのか。非常にあいまいで抽象的である。

要するに、この予言はこう書き換えることができる。

「数日から数カ月、あるいは1年くらいの間に、あまり交渉のない人から連絡が入る」

これに当てはまらない人などいるのだろうか。少なくとも1年のスパンで見れば、一人くらいは珍しい人から連絡があるだろう。また、こんな未来予測も可能である。

「これからの星回りから言うと、今年後半からお金が入ってくる大チャンスです。思わぬ副収入、それもかなりの金額を手にすることができるでしょう」

これは大胆な予測。当たらなかったらどうするのだろう。しかし、心配はご無用。

「でも、それには小さなきっかけを確実につかむ必要があります。そのきっかけを見逃してしまうと、せっかくの大チャンスをつかめなくなりますよ」と付け加えればいい。

先に述べた明るい未来を成立させる条件を加えることにより、どう転んでも的中する未来予測のできあがりだ。もし、本当にお金が入ってくることがあれば、「あの人は当たる」と評判を取ることになる。お金が入ってこないとしても、それは小さなきっかけを見逃してしまった結果ということになるから、これまた的中である。

考えてみれば、お金が入ってくるには、なにがしかのきっかけがあるものだ。つまり、この予言も、当たり前のことをもってまわった言い方で述べているともいえるのだ。

絶対に当たる予言をするのは非常に難しいことだが、**はずれない予言をすることは案外簡単なこと**なのだ。

相手の譲歩を自然と引き出す、交渉の達人の必殺文句

取引先の部長に、新たな取引の提案を持ちかけたI氏、事案書を食い入るように見つめる部長の姿を、固唾《かたず》をのんで見守っていた。しばらくして、部長は頭を上げてひと言。

「いい線いっているね」

「じゃあ、契約していただけるんですか？」

「いや、いい線だよ。いい線なんだが……」

「わかりました。社に持ち帰って、もう一度検討してみます」

I氏は、もう少しブラッシュアップすれば、契約まで持ち込めそうだという好感触を得て、足取りも軽く社に戻った。

このやり取りを見て、部長の老練さに気づいた人は、かなりの交渉の達人と言っていい。

I氏は、まんまと部長の術中にはまったのである。

部長が使った手というのは、**「いい線いってるね」**というセリフである。なぜなら、「い

い線いってるね」と言われたほうは、こう考えるに違いないからだ。

「これは、おおむね肯定的に受け止められている。もうひと押しすれば、契約までこぎつけられそうだ。それには、もうちょっとイロをつけて、相手に花を持たせてやるか」

いい線という言葉のニュアンスには、だいたい肯定だが、ほんのちょっと否定も入っている。そのため、**全面的な肯定に持ち込むために、自分から譲歩してくれる**のだ。

もし、「これはちょっと受けられないな」と事案書を突っ返していたら、譲歩を引き出せる可能性もあるが、これ以上の譲歩はできないと交渉そのものが決裂してしまうこともありえる。そこで、相手に期待を持たせつつ、譲歩を引き出す「いい線いっているね」というセリフが効果的になるわけだ。

「いい線いっているね」というセリフは、社内でも使える。部下が報告書や提案書を上げてきたとき、「いい線だね」と言って差し戻すとどうなるか。こちらが頼んだり、命令したわけでもないのに、手直しをして持ってくる。やはり、あと一歩でOKがもらえると勝手に解釈して、自分から修正を加えるのである。

「いい線いっているね」――このセリフを自在に使いこなせるようになれば、交渉でラクに優位な立場に立つことができるのだ。

人間心理のウラを巧みに突く、懸賞セレブの賞品獲得術

読者のみなさんは懸賞に応募したことがあるだろうか。おそらく、懸賞なんてそうそう当たるものじゃないと思っていることだろう。

しかし、必ずしもそうとは言えないのである。なぜなら、数多くの懸賞を引き当て、優雅な生活を送っている懸賞セレブなる人たちが存在するからだ。

ある懸賞セレブは、ハンドバッグや化粧品をはじめ、お取り寄せセット、自転車、さらには海外旅行、そして、もっとも高額な商品として、自動車まで当てたというからすごい。これまでの懸賞獲得総額は、なんと２７００万円にものぼるというから、まさに懸賞セレブの名に恥じない活躍ぶりである。

なぜそんなに懸賞を当てることができるのか。

「抽選する人たちの人間心理のウラを突くんですよ」

と懸賞セレブたちは言う。

たとえば、**応募が少ないもの**を狙う。早朝・深夜・新番組はねらい目だという。早朝や深夜の番組は視聴者が多くない。番組でプレゼントを募集しても、応募総数はそれほど多くはならないというのだ。また、新番組も事前に話題になっている大型番組を除けば、初回はそれほど視聴率が上がらない。よって、これも応募の狙い目だという。

さらに、抽選が複数回あるときは、**早期に応募したほうが絶対に得**だという。もちろん、早い段階では応募総数が少ないからである。

「富裕層を対象にしたセレブ雑誌も、おすすめです」と懸賞セレブは言う。

なぜか。セレブは懸賞などには応募しないのである。だから競争相手も少ない。しかも、セレブ雑誌の懸賞賞品は豪華で高価なものが多いときている。先の懸賞セレブも、自動車を当てたのはセレブ雑誌の懸賞だという。

最後に応募ハガキの書き方。マーカーで縁取りしたり、イラストを描いたり、目立つ工夫は多くの人がやっている。

「住所、氏名にきちんとふりがなをつけることです。選ぶ人も人間ですから、**小さなところへの心配りはやはり好感を持ってくださる**と思いますよ」

なるほど。おみそれしました。

テーブルの形で変わる、会議を成功させるコツ

『アーサー王と円卓の騎士』という物語をご存じだろうか。中世の時代、イギリスのアーサー王は、部下の騎士たちを平等に扱うために円卓に座らせて話し合いを行った。

このように、丸いテーブルには、参加者に上下関係をつけないという効果がある。

一方、**四角いテーブルは、座る位置によって参加者の関係に微妙な影響を与える**ことがわかっている。図を見ていただきたい。

Aの位置に座っている人と参加者との関係を見ていこう。

まず、斜め横のBの位置に座っている人は、Aの人となごやかに話したいと考えている。正面のCの位置に座る人は、Aの人に対して対立的な関係にある。また、Aの人と親密な関係にある人は隣のDの席に座りやすい。恋人同士がそうであるように、親しく話をするときには横に来るのが普通なのだ。Aの人と関わりたくないと考えている人は、もっとも遠いEの席に座る。お互いに無干渉でいようという無意識のアピールである。

さるマーケティング・コンサルタントは、こうしたテーブルの力学を仕事に生かしているという。たとえば、初顔合わせでなごやかなムードを演出したいときは、丸テーブルを用意して、ざっくばらんな雰囲気作りをする。

また、コンペなど他社と競合するプレゼンの場でも、座る席には非常に気を配る。

先に説明した四角いテーブルの力関係から言うと、クライアントの隣に位置するのが、もっとも親密な雰囲気を醸し出すことができる。間違っても、正面に向かい合う席にはならないように、事前に段取りをつけているという。

角テーブルの座席に表れる関係

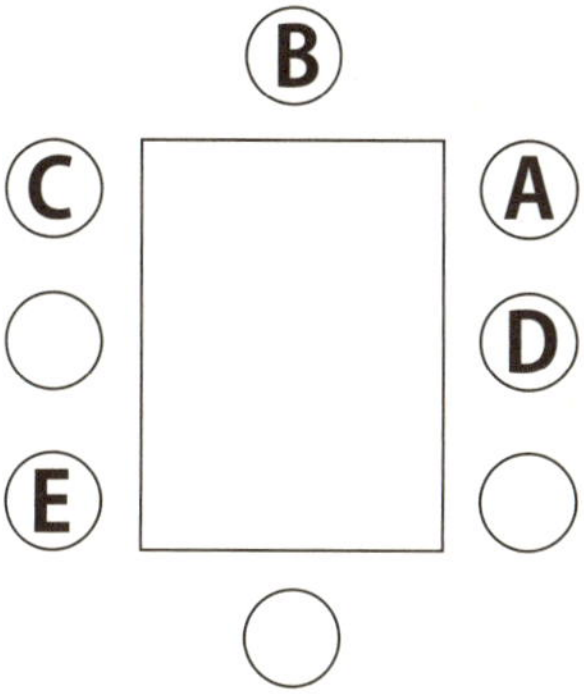

A－B	つかず離れずの関係、初対面の関係
A－C	対立関係、敵対関係
A－D	親密な関係、恋愛関係
A－E	競争関係、無関心の関係

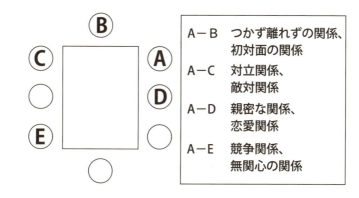

キーマンの見抜き方を知れば、どんな要求も通せる

ある会社の会議での一コマ。社長がコーヒーに口をつけると、専務もコーヒーを口に運び、次いで課長も、課員も……。よく見る光景である。

これは**ミラーリング**と呼ばれる現象で、**誰かが動作を起こすと、まわりの人間もそれにつられて同じ動作をしてしまう**のである。しかも、地位の高い人間の動作ほどマネされやすい。

外資系自動車販売会社のトップセールスマンは、このミラーリングを仕事に活用して大きな成果をあげている。

「優秀なセールスマンであるためには、ミラーリングの発生源を見きわめなければなりません」とセールスマン氏は言う。

「ミラーリングの発生源は、たいていの場合、真の実力者、つまりキーマンになりますから、契約に結びつける説得はその人を対象にすればいい」

家族で来店した場合、ご主人が奥さんの動作をマネていることが多いという。たいていの家庭では奥さんがサイフを握っていて、最終的な決定権をもっている。そういうケースでは、奥さんがキーマンで、説得対象は奥さんということになる。

「でも、よく観察してみると、そうではない場合もあるんですよ。この前は……」

トップセールスマン氏が、来店した家族を観察していると、ミラーリングの発生源は、なんと10歳の子供だった。子供の動作を両親がミラーリングしていたのである。そこで、トップセールスマン氏は子供がキーマンだと判断し、勧めているクルマがいかにカッコよくて、友達にも自慢できるものであるか、子供にもわかるように解説した。父親・母親に説明しているふりをしながら、子供にも理解できる表現をちりばめ、子供を説得したのである。

その結果、どうなったか。検討すると言って店をあとにした家族が、数日後に再び来店し、勧めていた高級外車を契約したのである。

「いやあ、子供がどうしてもこれがいいって言うもんでね」

そのとき、父親はそう打ち明けた。トップセールスマン氏の説得対象の設定に間違いはなかったのである。

安物をさも高級品に見せかける
もっとも簡単な方法

骨董品蒐集《しゅうしゅう》の趣味が高じて会社を辞め、古物商の資格を取り、骨董品店を開いたA氏。

ところが、商売のほうは芳しくない。なかなか売れないのだ。

思い悩んだA氏は、指南を受けたベテラン骨董品店主にアドバイスをあおいだ。ベテラン骨董品店主は、店内をひとわたり見て回ると、「売れない理由がだいたいわかりましたよ」と言った。

「どこが悪かったんですか？」

ベテラン骨董品店主の指示は、**「すべての商品にもっと高い値札をつけなさい」**というもの。安物を高く売りつけることに抵抗を感じながらも、「だまされたと思って、一度やってみなさい」というベテラン店主を信じて、店に置いてある商品の値札をもっと高く書き換えた。すると、どうだろう。これまでの不振がウソのように、商品が売れ出したのである。

どうして、高くしたほうが売れるのだろうか。

多くの人は、高級品や品質のいい物は、価格が高くて当然だと思っている。逆に安い値段をつけると、その商品はまがい物なのではないかと疑われ、手を出そうとしない。そのため、高い価格をつけたほうがよく売れるということが起こりうるのだ。とくに、日本人はブランド物に弱く、値の張る高級ブランドなら、いいものだと信じ込んでしまう傾向が強い。

ある心理実験では、外国製の高級ブランドのハンドタオルと国産の安物ハンドタオルの商品タグをつけかえ、人々に感想を聞いた。すると、大多数の人は高級ブランドのタグがついたタオルのほうが、デザイン、肌触り、材質の良さを感じると回答した。そして安物のタグがついたタオルを肌触りが悪い、材質がよくないとこき下ろしたのだ。**ブランド名や値札によって、人は知覚まで左右されてしまう**ことのいい例である。

骨董品もそれと同じことだ。

骨董品の価値を示すものは、値札である。これが安ければ、「これは本物じゃないから安いんだ」と思い、高ければ「やはり本物はいい値段するなあ」と感心する。そして、「本物なら手に入れたい」と財布のヒモをゆるめるわけである。

洗脳するなら理屈より単純明快なフレーズで

言葉の使い方はむずかしい。ことに、人を説得したり、丸め込むという目的においては、語彙が豊富で、たくさんの言い回しを知っていれば成功率が高まるというわけではない。

また、よく「話せばわかる」「言葉を尽くせば、理解してもらえる」と言われるが、それは本当だろうか？　教養のある人ほど、そういう傾向にあるようだ。そのため、インテリは、長々と論理的に言葉を尽くして説明しようとする。

しかし、それがどれほど効果をあげているかというと、はなはだ疑問である。多くの場合、「何をくどくど話しているんだ」「自分がいかに物知りであるか、自慢したいだけだろう」と思われることが多いのではないか。

その点、小泉純一郎元首相は、言葉の効果的な使い方を熟知していた。わかりやすく、シンプルな言葉を連呼することによって、問題を単純化して見せることに成功したのだ。

たとえば、「自民党をぶっ壊す」「郵政解散」「改革断行内閣」。どれもシンプルな言葉であり、わかりやすい。国民が熱狂的に小泉内閣を支持したのも、彼が用いた単純明快なフレーズがあればこそだろう。

橋下徹元大阪市長やアメリカのドナルド・トランプ新大統領も、明快なフレーズで人々を惹きつけてきた。橋下氏は、「いまの政治で一番重要なのは独裁」というように、過激で目を引く発言で注目を集め、トランプ氏は「メキシコとの国境に壁をつくる」などといったダーティトークで一部の熱狂的な支持者を魅了した。

それぞれタイプは異なるが、単純明快なフレーズの使い手であることは共通している。**単純明快なフレーズは力強く人々の心に浸透する**ため、長々と言葉を尽くして説明するより、洗脳しやすいのだ。

マルチまがい商法で何度も使った詐欺グループのリーダーも言う。

「むずかしい話をくどくどしてもダメ。誰もわからないんだから、印象的なフレーズを一語か二語、繰り返し口にして印象に焼きつける。これで人は洗脳できるんだよ」

人を上手に丸め込むには、小むずかしい話よりも、印象的でわかりやすいワンフレーズ。この心理テクは、あなたも会社で応用できるだろう。

相手の判断を自由に操作できる、集団圧力の効果

人は、まわりの意見に左右される。とくに、出る杭になることを好まない日本人は、この傾向が強いといえる。

こんな心理実験がある。

10人の人間に、2本の棒を見せて、どちらが長いかたずねる。実際には右の棒のほうがやや長い。ただし、10人のうち9人はサクラで、長さを聞かれたら「左」と答えるように指示してある。

サクラの9人が先に答え、最後に被験者が回答する。サクラはみな「左のほうが長い」と答える。すると、10人目である被験者も、思わず「左」と答えてしまうのだ。

もちろん被験者は、本心では「右のほうが長い」と思っている。ところが、自分より先に答える人が「左」と言うのを聞いて、どう答えるべきか悩む。みんなに合わせるべきか、自分が思うとおりに答えるべきか。そして、最終的にみんなに合わせるほうを選ぶのだ。

そのほうが不利益を被る可能性が低いと考えるからだ。

このような場面で、みなとちがう意見を言えるのは、よほど自分をしっかり持っているか、自分の判断力に自信のある人だ。あるいは『裸の王様』で、王様が裸であることを指摘した無垢《むく》な子供だけだろう。

この集団心理を利用した商売は少なくない。アンケートと称して一室に案内し、高い商品を買うように仕向ける悪徳商法もその一つだ。自分以外は全員サクラで、次々に契約するのを見て買わざるをえない心境にさせてしまう手口である。

そんな悪徳商法ばかりでなく、百貨店の実演販売も集団圧力を利用している。大勢の主婦が群がる中、この道具がいかに便利かを説明する。そして見学者の中で、もっとも買いそうな人に目星をつけ、強く勧める。場合によっては、サクラを使う。一人が買うことで、ほかの人たちも、われもわれもと買うようになるのだ。

会議で、どうしても通したい意見があるときは、これを利用するのも手だ。

あらかじめ賛同を得られそうな仲間を見つけ、会議では積極的に賛成意見を述べてもらう。みんなが「賛成」という中、よほどの理由がなければ反対するのはむずかしく、その意見が通る可能性は高まるだろう。

敵になりそうな人間を取り込む心理テクニック

とある中堅メーカーの販売課長M氏は、宴会ではいつも引っ張りだこだ。M氏の特技は、手品。それも、うまいだけでなく、場を沸かせるのにたけている。M氏がステージに立つと、それまでしらけていた宴席が急に盛り上がるのだ。

ポイントは、M氏が手品をするとき、必ず観客に参加してもらうことだ。たとえば観客の一人を指名して、助手を務めてもらう。あるいは観客全員に紙を渡し、簡単な文字や数字を書かせ、それを使って手品を行うのである。

「同じ釜の飯を食った仲」ではないが、**同じ体験をすると、お互い親近感がわく**ものだ。

M氏が観客に参加してもらうのも、それを狙っている。手品を手伝ってもらうことで、見る側の心理は、ただの「観客」から、ちょっとした「パートナー」に変わる。それだけでも手品への感情移入が高まり、成功するかしないか固唾《かたず》をのんで見守り、成功したらわが事のように喜ぶようになるのだ。

そんな宴会芸を持つM氏は、社内では「手品好きの気のいいオジサン」と見られているが、実はなかなかの策士である。

部下のA君が、「次の会議で、ボクの出す案にYさんが反対しそうなんです」と相談してきたとき、こんな作戦を授けた。

「それなら会議の前、Y君に資料作成を手伝ってもらえ。コピーした資料をホチキスでとめるのでもいい。資料を全員に配ってもらうだけでもいいから」

なぜこんな指示を出したかというと、手品で観客に手伝ってもらうのと同じ理由だ。ある作業を手伝うことで、その人に対する親近感が増す。資料作りを手伝った時点で気持ち的にはその人の〝協力者〟になっている。その心理は会議中も続き、その人が出す案にも賛成しようという気持ちが働きやすくなるのだ。

M氏の助言を受け入れて、Yさんに手伝ってもらったA君。会議でも心配していたYさんの反対はなく、自分の案を通すことができた。以後、A君はすっかりM氏に心酔するようになった。

実はM氏の助言、「企画を通す」という作業をA君と一緒に行うことで、A君を自分の味方にしようという、一つの作戦だったのかもしれない。

贈り物が功を奏するための４分の法則とは

お中元やお歳暮、ちょっとした手土産など、仕事で贈り物をする機会は、けっこうあるものだ。「賄賂《わいろ》」と思われると困るが、かといってせっかく贈ったのに何の見返りもないのも、なんだか悔しい。

「それはタイミングがまずいんですよ」と、贈り方に問題があると指摘してくれたのは、週刊誌記者のSさんだ。仕事柄、強引な取材をしたり、ムリな頼み事を聞いてもらうことも少なくない。そんなとき、**ちょっとした贈り物が功を奏する**というのだ。

S氏が教えてくれたところによると、ものを頼むタイミングは、贈り物をした直後がベストで、時間がたつほど効果がなくなるという。

「こんな心理実験があるんですよ」

まず家を一軒一軒家をまわり、「ただいま無料のサンプルをお配りしています」と言って、リボンのついた包み紙を渡す。その後、それぞれの家に電話をかけ、簡単な頼みごとをするのだ。その結果、引き受けてくれるかどうかは、無料サンプルを渡してから、どれくらい時間がたっているかに大きく左右されることがわかった。

もっとも引き受けてくれる確率が高かったのは、サンプルを渡してから4分後で、100％の人が引き受けてくれた。7分後頃までは80％ぐらいの人が引き受け、10分後になると半分ぐらいしか引き受けてくれなくなる。20分を過ぎてからは、ほとんど誰も引き受けなくなった。

理由は、次のように考えられる。贈り物をもらえば、当然うれしい。気分が高揚しているので、何か頼まれると「やりましょう」となりやすい。ところが時間が経つとともに、高揚感は薄れる。やがて「なんで、あんなものを受け取ってしまったんだろう」「もしや賄賂では」とあらぬ勘繰りも生まれてくる。そんなときに頼みごとをされると、拒絶しやすいのだ。

贈り物の効果を期待するなら、「すぐに頼むと、あまりにあからさまかも」なんて遠慮しないほうがいい。贈った後、ちょっと世間話でもしてから、すぐに頼みごとをする。実験によれば、4分以内がいい。これがもっとも費用対効果の高い、贈り物の仕方というわけだ。

うるさい場所で あえて交渉を行う悪だくみ

「向こうにとって、けっしていい話じゃなかったんですけど、課長のおっしゃる通り、カラオケスナックで話したら、すんなりＯＫをもらうことができました」

そんな話を楽しそうにしてくれたのは、大手商社に勤める営業マンのＯ君。交渉の内容は、ズバリ仕入れ値の値下げ。Ｏ君が扱っている商品を価格据え置きでグレードアップしたい。そのためには原料費を抑える必要があり、その交渉を行ったのだ。

グレードアップしたいといっても、それが売り上げアップにつながる保証はない。むしろ事前の調査では、あまり効果なしとの予測も出ている。それでもＯ君、商品への思い入れから、なんとかグレードアップしたいと考えたのだ。

そのとき課長が勧めてくれたのが、カラオケスナックでの接待だった。ポイントは、たんなるスナックではなく、カラオケスナックという点。なぜなら、前項でも述べたように**周囲の雑音がうるさい場所では、人は思考を妨げられ、さほど根拠のない話にも承諾しや**

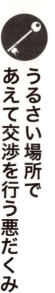

すい傾向があるからである。

こんな心理実験がある。

被験者の学生たちに「授業料を20％値上げします」と伝え、その理由を「学校に花を植えるため」とした。このとき、一つのグループにはイヤホンで音楽を聴きながら、もう一つのグループには静かな場所で伝えた。

その結果、音楽を聴きながら値上げ話を聞いたグループは、かなりの割合で承諾が得られたのである。

花を植えるために授業料を値上げするという話は、多くの学生にとって説得力のある話ではない。実際、静かな状態で聞いた学生たちはほとんどが賛成しなかった。ところが、同じ話をうるさい音の中で聞いた学生の多くは、うっかり承諾してしまったのだ。

おそらく課長は、体験的に「うるさい場所のほうが、面倒な話を承諾させやすい」ことを知っていたのだろう。そこで、O君にカラオケスナックを勧めたのである。

毎回この手を使っては信用にもかかわってくるだろうが、どうしても通したい意見やプランがあるとき、試してみてはいかがだろうか？

心理テスト
2

雨にぬれた子犬

雨の日、道端の段ボールに子犬がいました。どんな様子ですか？
①じっとこちらを見つめている
②元気な子犬が何匹もじゃれあっている
③なんだか具合が悪そう
④人懐っこそうに尻尾を振っている

【解説】騙されやすさ＝ダメ男（ダメ女）への引っかかりやすさがわかります。

①を選んだ人……助けを求められると断れません。まさにダメ男にとりつかれてしまうタイプ。人助けは良いことですが、なんでも受け入れていると相手の術中にはまってしまいます。
②を選んだ人……相手のことを疑わないまっすぐさがあなたの魅力。と同時に、弱点でもあります。騙されていることにさえ気づかないなんてことにならないよう、しっかりと人を見きわめましょう。
③を選んだ人……困っている人がいると放っておけないタイプですが、問題が解決すると一気に冷めてしまう傾向があります。だから、ダメ男にひっかかる確率はそう高くはありません。
④を選んだ人……あなたの周りには自然に人が集まります。その中には、ダメ男がいるかも。自分のタイプでも、ちょっと立ち止まって、相手がどんな人間なのか確認してみましょう。

STEP 3

相手を思い通り動かす
㊙心理操作テクニック

絶対にクリックしてみたくなるウェブ広告のコピーとは

インターネットが広く普及し、ウェブ広告が一般的になった。代表的なのはバナー広告。サイトの上部や下部に貼られている四角い看板のようなものである。最近では動画のバナーも増えて、なんとかユーザーの注意を引こうとしている。

ウェブ広告にはさまざまな種類があるが、基本的な仕組みはユーザーが広告をクリックして、広告主のサイトまで飛んでいったら広告料が発生するというもの。一クリックいくらという形で計算される。

しかし、ネット黎明期《れいめいき》には、物珍しさもあって多くのユーザーがウェブ広告をクリックしたが、いまではウェブ広告も知れ渡り、簡単にはクリックしてくれなくなった。そのため、広告業者やウェブコンサルタントは、なんとかクリック率を向上させようとあの手この手を考えている。

そんななか、驚異的なクリック率を誇るウェブ広告が存在する。なぜ、そのウェブ広告は、ほかの広告よりもクリックされるのか？　実は、その広告には、こんなコピーが書かれている。

「がんばったら成功者にはなれません！
　↓その理由はこちら（クリック）」

秘密はこのコピーにある。このコピーを見た大半の人間は、「なんで、がんばったら成功者になれないんだ？　どうしてだ？」と思う。

まっとうな反応である。一般的な人間な

ら、がんばって努力することが成功への道だと思っている。それを真っ向から否定するのだから、疑問が湧いてきて当然だ。もう、おわかりだろう。このコピーは、それを狙ったものだ。「なぜだ。理由を言ってみろ」と思わせてクリックさせるのである。

こうした逆説的なコピーを応用してクリック率の高い広告づくりを指導している某ウェブコンサルタント氏は、「人は感情を乱されると、理論的な根拠を求めたがる」と述べる。

つまり、自分の思っていることが否定され、反発心や納得できない疑問を感じると、**自分の正当性を確認するために、反対する意見がどういう理論的根拠でそういうことを言っているのか知りたくなる**というのである。

注意しなければならないのは、このような**逆説的なコピーで関心を引くためには、答えを予測できないようなものにする**こと。

たとえば、同じようなコピーでも、「がんばっても成功者にはなれません!」では、反応はまったく違ってくる。

「そうだよね。がんばっただけで成功できれば、誰でも成功できちゃうもんね。運とか金とかも必要だよね」

こんなふうに納得されてしまい、「その理由」をクリックしてはもらえないだろう。感情を乱されることがないからだ。

「がんばったら」と「がんばっても」……ほんのわずかな違いだが、バナー広告で誘導した結果には大きな違いがある。

買う側をその気にさせるコピーライターの心理操作術

浦島太郎が玉手箱を開けてしまったように、「絶対に開けてはいけない」と言われると、どうしても開けてみたくならないだろうか。

「人に言っちゃダメだからね」と言われると、誰かに言いたくてたまらなくなる。

それが人間心理というものだ。

心理学では、こうした心理を**「カリギュラ効果」**と呼ぶ。禁止されると、その禁止事項を破ってみたくなるのである。

カリギュラ効果は、すでに多くの分野で利用されている。

一例を挙げれば、雑誌の袋とじもカリギュラ効果の応用だ。

「立ち読みでは見せないよ」という姿勢に、中を見たい気持ちが募り、ついつい買ってしまう。

しかし、ワクワクしながら袋とじを開いてみて、「なんだ、こんなもんか」とがっかりした経験は、誰でも一度や二度はしているに違いない。カリギュラ効果に、してやられたわけである。

このカリギュラ効果を商品広告に応用すると、どうなるか?

ただ単に「買わないでください」と言えば、買ってもらえるかというと、そう単純なものではない。それでは、本当に誰も買ってくれないだろう。

もうひと工夫必要だ。そこで、コピーライターの出番である。

有能なコピーライターは、カリギュラ効果にプラスアルファを加えて、魅力的なキャッチコピーをひねり出す。

たとえば、美容化粧品の宣伝コピーならこんな具合である。

「この美白化粧水は、従来の製品の二倍の効果があります。しかも、お値段はいまなら据え置き。とてもお買い得です」

ここまでは普通だ。しかし、続けてこんな文句を付け加える。

「ただし、二週間継続して使い続ける意志のない人、本気で美しくなりたいと思っていない人は購入をご遠慮ください。そのような人には、効果を保証することはできません」

美辞麗句を並べ立てた商品コピーには押しつけがましさを感じ、ただ奇をてらって「買わないでください」と言われると逆説的にうさん臭さを感じてしまう。だが、「ただし、○○な人は買わないでください」とカリギュラ効果を限定的に使うことにより、本当に必要な人にだけ買ってもらいたいという売り手の意思が伝わる。

そうすると、**買う側の心理的抵抗感が薄くなり、「それなら、試しに買ってみようか」ということになりやすい**のである。

いい商品なんだけど、わかるかなあ。わからない人には売らないよ。わかる人にだけ、買ってもらえればいいんだ——こんなニュアンスを醸し出されると、自分は「わかる人」であることを示したくなる。

そういう人間心理を突いた、心理操作術と言っていいだろう。

お客自身に選ばせながら買わせてしまうテクニック

渋谷の某ブティックでカリスマ店員として名高いHさん。抜群の売り上げで、ショップの成功に貢献している。

彼女のカリスマたるゆえんは、女子高生たちが憧れるルックスとファッションセンスに負うところが大きいが、それればかりではない。彼女に相談すれば、自分にピッタリ合った服を見つけ出せると評判なのだ。

彼女と一緒に服選びをするのが楽しいと、女子高生たちは口をそろえて言う。

どうして、それほど人気があるのだろうか？

「そうねえ、こちらから『これがいいわよ』と押しつけないことかしら。選ぶのは、あたしじゃなくて、お客さん自身っていうスタンスだけは忘れないようにしているの」

お客さん自身に選ばせるとは、どういうことですか？

「ショッピングしている女の子って、たいてい何が欲しいってはっきり決めてきているわけじゃないの。なんかいいものあったら買おうかなあ、何がいいかなあ、って感じでショップをのぞいているもんなのよ。だから、あたしは、ホントは何が欲しいと思っているか気づくお手伝いをしてあげるの」

どうやって、お手伝いするのでしょうか？

「たとえば、『ジャケットがいいのかな、それともブラウス？』って具体的に聞いてあげるの」

なるほど、二者択一の質問を提示して、相手に選ばせるわけですね。

「ブラウスって答えだったら、今度は『セクシー系、お嬢様系?』ってしぼり込むの。ただね、明らかにかわいらしいものが似合う子が、ハデハデで露出多めのセクシー系に興味を示しているときは、セクシー系でもちょっと抑えたシックなものを提案することはあるわね。『こっちのほうが、案外セクシーかもよ』ってね」

多くのお客さんは、自分がどういうものを欲しいのか、またどういうものが似合うのか漠然としかわからない。そういうお客さんに、「○○と××、どっちがいい?」と選択肢を提示してイメージを具体化させていく。**どれを選ぶか決めるのはお客さんで、あくまでも結論に到達するまでの道筋を示すというスタンス**である。

この手はどんなセールスにも通用しそうである。たとえば自動車のセールスマンなら、「ワンボックスとSUV、どちらがお好みですか?」と選択肢を提示しておいて、「ワンボックスのメリットはかくかくしかじか、SUVはこうこうこれこれ」とそれぞれの利点を説明する。そして、最後に「お客様の用途ですと、ワンボックスをお薦めしますが」とさりげなく自分の意見を添えておけばいい。

提示された選択肢のうち、どれか一つを選ぶと、**お客さんは自分で選んだだけに、買わなければいけないような気になってくる**のである。

明らかなプラスイメージが好印象をもたらす「後光効果」

合コンでは、看護師（昔で言う看護婦）さんや客室乗務員（昔で言うスッチー）はモテモテである。

看護師さんや客室乗務員相手の合コンをセッティングしようものなら、

「でかしたあ～」

「おまえはいつかやってくれるヤツだと思っていたよ」

などと友達に泣いて喜ばれ、幹事は一躍ヒーロー扱いである。

しかし、ふと考えてみる。なぜ、看護師さんや客室乗務員がこれほどモテるのだろうか？

それは、われわれが看護師さんや客室乗務員に対して、固定化されたイメージを持っているからだ。

看護師さんには、「病人を介抱する↓やさしい人↓白衣の天使」というイメージがあり、客室乗務員には、「きれい＋やさしい＋ハイソな女性」というイメージを思い浮かべるはずである。

だから、看護師さんと聞けば、誰もがやさしくてかわいい女性を想像し、客室乗務員と聞けば、美しくてハイソな女性を想像する。

これは、心理学で**「後光効果」**と呼ばれているものだ。

言ってみれば、みんなイメージに恋しているということになる。冷静に考えれば、あまりやさしくない看護師さんもいるだろううし、品の良くない客室乗務員もいるだろうに。

このように、固定化されたイメージは、人が考える以上に強い印象を与え、思考を画一化する。固定概念というものは、けっこう強力なのである。

企画コンサルタント会社の営業マンO氏は、この後光効果を意識的にビジネスに応用しているという。たとえば、こんな具合に。

あるイベントの企画を持ちかけるときに、

「この企画は、うちの社長にも太鼓判を押されているんですよ」

と付け加える。先方は、そちらの社長まで乗り気なら問題はないかと考え、OKを出しやすい。

テレビ番組の企画では、

「これは、大ヒットした番組の制作スタッフが再結集してつくるものですから、出来映えに関しては自信を持っています」

と過去の成功を持ち出して訴える。

大ヒット番組をつくったチームの企画ならということで、GOサインが出やすいのだ。

このように、**明らかにプラスのイメージのものと一体化させることで、その企画自体も光り輝いて見える**のである。

これが後光効果の威力である。

そうとわかれば、使えるものは何でも使って、イメージアップをはかってみてはどうだろうか。

ただし「あの大女優の○○さんも使っています」といったウソはだめですよ。

「おまけ」を付けすぎると、かえって信用を失う理由

とある繁華街の一角で、実演販売のパフォーマンスが行われていた。

威勢のいいかけ声で紹介されている商品は、ステンレスの包丁。錆《さ》びない、いつまでたっても切れ味が鈍らない、切ったものが刃にくっつかない優れもの、とのふれこみだ。

実演でトマトや30センチぐらいに積み上げたサンドイッチ、果ては角材まで次々に切っていく。たしかに、見事な切れ味ではある。

そして、最後に販売員は、「今日はこれだけじゃないよ。おまけをたくさん付けちゃうよ」と言って、セラミックのおろし器や、大小3つのピーラーセットなど、いくつものおまけを積み上げた。

「さあ、これだけ付けてお値段そのまま、持ってけ、ドロボー！」

その光景を見て、連れの男性がひと言、「素人《しろうと》だな」とつぶやいた。この男性、セールスマネジメント会社の社長で、商品販売に関してはプロ中のプロである。

「でも、あれだけ人が集まっていますよ」

群がるおばちゃんたちを指さした。

「あれは大半がサクラだ。本物の買い物客なんて数えるほどだ」

そういうものか。プロの目には、ウラのウラまで見えるものなのだ。

「アメリカでこんな心理実験が行われたことがある。スーパーマーケットに、『1個30

セントの○○社の食パンをお買い上げの方には、レジにて35セントを進呈します』という貼り紙をした。要するに、食パンをタダでもらえるうえに、5セント余計にもらえるということだ。こんなうまい話はない。頭で考えれば、お客さんが殺到して、たちまち○○社の食パンは売り切れになるはずだが、どうなったと思う?」

「……売れ残った?」

「そのとおり。はじめに2、3個売れたきり、ほとんどが売れ残ってしまった。どうしてだと思う?」

「また質問ですか。う~ん、うますぎる話なので、何かウラがあるんじゃないかと疑ったのかな」

「冴えてるな、珍しく。**人というのは、プラスを強調されすぎると、かえってマイナスを意識するものなんだ**。本当にいいものなら、ただで配ったうえに5セントのおまけまで付けるだろうか。そうまでしてこの食パンを処分したいというのは、何か重大な問題があるからじゃないのか。そういう思考が働いたわけだ」

「じゃあ、あの包丁販売人も、おまけを付けすぎて客にアピールするどころか、逆に引かせちゃっているわけですか?」

「そうなる可能性が高いな。**いちばん売れる方法は、その特性やメリットをストレートに説明することだ**。本当にいい商品なら、おまけなんか付けなくても売れるよ」

ふと目をやると、包丁の実演販売人は店じまいをしているところだった。たくさん残った商品を段ボールに詰め直して……。

「気遣い＋こちらの希望＝相手がやりたくなる」方程式

スーパーマーケットの店長の仕事は、かなりの激務と言っていい。まず労働時間が長いし、監督業務だけではなく、現場の人手が足りなければ肉体労働もしなければならない。

そして、もっとも神経を使うのが、パートの人たちの扱い方だ。

「女性だしね、荒っぽく扱うことはできないわけよ。それに、パートさんたちの機嫌をそこねてヘソ曲げられたら、総スカン食っちゃうからね。いっせいに休まれでもしたら、店が回らなくなっちゃう。だから、ときには、どっちが雇ってるのかわからないよ、と思いながらも、けっこう気を遣ってものを頼んでますよ」

中堅スーパーの店長を務めるIさんは、そう言ってぼやく。実際、どのように頼んでいるのだろうか？

「たとえば、仕分け作業が終わらなくてちょっと残業してほしいときとかあるだろ？　以前は『残業してくれないかな』とストレートに頼んでいたんだけど、けっこう断られたんだよね。でもね、本社のマネジメント研修受けて、そこで教わったやり方を試してみたら、案外うまくいったのよ」

どういう方法ですか？

「いや、方法自体は簡単なんだ。終わりの時間になったら、まず『ご苦労様。大変だったね。上がっていいよ』と言うんだ。その後で、『それとも、もうちょっと手伝ってもらえたら、すごくうれしいけど』って付け加えるんだよ。こういう言い方に変えてみただけで、驚くほど、頼みを聞いてくれる確率が高くなったんだ。ものは言いようと言うけど、これホントだね」

Iさん、かなり苦労されているようだ。でも、Iさんの用いている手法は、心理学的にみても理にかなっている。

人は高圧的にものを押しつけられると、反発したくなる。たとえば、あなたは、どちらの頼まれ方なら応じてもいいと思うだろうか。

A「今日、残業してくれない？　予定があるなら終わってもいいけど」

B「もう終わりにしていいよ。それとも、もう少し手伝ってくれる？」

たいていの人はBを選ぶに違いない。人は、好意を示されると自然とお返しをしたいという心理になる。はじめに「もう終わっていいよ」と気遣いを示すと、相手はその気遣いに対してありがたく思う。その後で、「もう少し手伝ってくれる？」と頼み事をすると、気遣いに対して報いたいと思うのである。

Aの場合のように、はじめに残業を頼むと相手の都合を押しつけられたように感じ、頼み事をされても、こちらも自分の都合を優先しようという気持ちになる。同じようなことを言っても、言葉の順序で相手の心理に与える影響はまったく違ったものになるのだ。

これを方程式で示すと次のようになる。

「気遣い＋こちらの希望＝相手がやりたくなる」

一回の全力投球より、こまめな対応が効果をあげるワケ

クラブ・ホステスのスカウトマンをしているA氏の仕事は、売れっ子ホステスと仲良くなり、他店へ移籍させるというものである。

アガリはすべて成功報酬で、引っ張れる客が多くついているホステスをスカウトするほど、ギャラは高くなる。

「スカウトマンと言っても、新宿や渋谷で道行く若い子に声をかけてキャバクラや風俗店に送り込む若いアンちゃんたちとは一緒にされたくないね。こっちは、酸《す》いも甘いも噛み分けた一線級のホステスを相手にするんだ。戦略の面からも、報酬の面からも、比較にならないね」

そう言ってA氏は、プライドをのぞかせる。A氏にホステスをスカウトする秘訣は何か聞いてみると、「信頼関係の構築」という答えが返ってきた。

信頼関係を築く第一歩は、やはりお客として店を訪れることだ。足繁く通い、常連客になるのである。

しかし、常連客はたくさんいる。その中でどうやって親密になっていくのだろうか？

それを尋ねると、A氏は笑った。**「プレゼント攻撃」**と簡潔に言って、

A氏のプレゼントは高価なものではないという。ちょっとしたお土産物だったり、映画の招待券だったり、どちらかというと安価なものばかりである。

「安物でも行くたびにプレゼントするのがミソ。単純だろう？　でも、思いのほか、効果があるんだ。普通は相手の気を引くためには、ちょっと気張って高価なものをと思うだろう？　でも、それって考えているほど効果はないんだ」

たとえば、1万円のプレゼントをするのと、1000円のプレゼントを10回するのとどちらが効果があるか？　**1000円のプレゼントを10回したほうが断然効果がある**とA氏は言う。

「そりゃあ、もらったときは1万円のプレゼントのほうが喜ぶよ。でも、その喜びは1000円のプレゼントの10倍かというと、絶対に10倍はない。しかも、1回のプレゼントなんて、すぐに感動は忘れられちゃうよ。だから、小さな物をこまめにプレゼントしたほうが、相手にアピールできるんだ。言ってみれば、ドカンと大砲撃つより、小さなピストルでパンパン撃ったほうが、ハートを撃ち抜く確率は高いってことだな。これは女を口説くときも同じだ」

なるほど、これは仕事にも応用できそうだ。

取引先と親密な関係を築くには、たまに接待でお金を使うより、こまめに連絡してちょっとした情報を提供したほうが先方の信頼を勝ち得ることになる。

1回に全力投球するのではなく、小分けに分散するということだ。安上がりで、しかも大きなインパクトを与えることができる。

これは使えるかもしれない。

なぜか頼み事を聞いてしまう魔法の言い回し

人に頼み事をやってもらうには、どう頼めばいいのだろうか?

米ハーバード大学で行われた実験は、とても興味深い。

コピーの順番待ちをしている人に、何と言ったら順番を代わってもらえるかをためした実験である。

はじめに、「すみません、先にコピーを取らせてもらってもいいですか?」と聞いてみた。すると、60%の人が先にコピーを取らせてくれた。

次に、「すみません、先にコピーを取らせてもらってもいいですか? 実はとても急いでいるんです」と言ったところ、94%もの人がコピーを先に取らせてくれた。

「実は……」という言葉が効果を上げていると考えられるが、もしかすると「急いでいる」という言葉に反応しているのかもしれない。

そこで、もう一度次のように声をかけてみた。

「すみません、先に使わせてもらえますか? 実はコピーを取らなければいけないもので」

言葉としてはメチャクチャである。理由にもなっていない。

ところが、こんなメチャクチャな頼みであるにもかかわらず、なんと93%もの人が先にコピーを取らせてくれたのである。

このことからわかるように、**「実は……なんです」という言葉を使うと、人は頼み事**

を聞いてくれやすい。

「実は……」という言葉は、そういう力を持っているということである。

もっとも、私たちは「実は……」という言い方を実際に生活の中で使っている。

「実は○○なの。××してくれない？」

「実はこうこうこういうわけで……」

その効果をきちんと認識せず、無意識に使っているが、この言い方を使うことで、本当はずいぶん頼み事を引き受けてもらっているのかもしれない。

これ以外にも、人を動かしやすいフレーズはたくさんある。

女性従業員の多いアパレルメーカーのマネージャーY氏も、意識して使っている言葉があるという。それは、「……かもしれない」というフレーズだ。

女性従業員に「これをやっておいてくれ」「明日までに、○○して」というような威圧的な頼み方をすると反発を招くことが多い。そういうとき、**「かもしれない」というフレーズを使ってマイルドに頼み事をする**のだ。

「○○やっておいてくれると、助かるかもしれない」

「○○してみると、けっこういいかもしれないよ」

頼み事をしているようには聞こえないが、このように言うと、すんなり受け入れてくれるというのだ。

ちょっと気弱な言い回しのような気もするが、それで人が動いてくれるならしめたもの。一度試してみてはいかがだろうか。

「運がいい」と思わせて購買意欲をそそる裏ワザ

売れるセールスマンと売れないセールスマンは、どこが違うのか。端的に言えば、顧客心理をよく考えているかどうかである。

あるブティックの販売員の例を見てみよう。まずは、あまり成績をあげていない販売員の商品の勧め方である。

「そのワンピース、とってもお似合いですよ。今年の流行は花柄ですけど、全面花柄というわけじゃなくて、ワンポイントづかいのところがシックに見えますよ」

「でも、これ、私にはちょっとサイズが小さそうね。もうワンサイズ大きいのある?」

「在庫、見てきますね」

そう言って、奥へ引っ込む。

「ごめんなさい。色違いならあるんですけど、この色のサイズがなくて。こちらもお似合いだと思いますよ」

「色違い? う~ん、今日はやめとくわ」

というわけで、何もお買いあげしていただけなかった。では、できる販売員だったら、どうするか。そのテクニックをご覧にいれよう。

「そのワンピース、とってもお似合いですよ。今年の流行は花柄ですけど、全面花柄というわけじゃなくて、ワンポイントづかいのところがシックに見えますよ」

「でも、これ、私にはちょっとサイズが小さそうね。もうワンサイズ大きいのある?」

「在庫、見てきますね」

ここまでは前者と同じだ。しかし、ここ

からが腕の見せ所である。ほどなく戻ってきて、お客にこう告げるのだ。

「ごめんなさい。売れちゃったみたい。いいものは、みんな目をつけるんですよね」

「あら、そうなの。残念だわ。でも、ないんじゃ仕方ないわね」

「申し訳ありません」

あらら、簡単に引き下がっちゃった……と思いきや、お客が店を出ようとするとき、

「あ、お客様、ちょっとお待ちください。もしかしたら2号店に在庫があるかもしれませんから、問い合わせてみますね」

少し奥へ引っ込んでから、満面の笑顔で戻ってきた。

「お客様、ホント運がいいですよ。２号店にサイズありました。ちょっと色違いにはなるんですけど、お似合いになりますよ」

「取り寄せできます？　すぐに届けさせます」

「もちろんです。すぐに届けさせます」

できる販売員は無理には勧めない。こちらが熱心に勧めれば勧めるほど、お客に売りたい本心が透けて見えることを知っているからだ。だから、商品がないときは、お客とともに残念がる。と同時に、本当に似合っていたことを強調する。

ないと言われると、欲しい気持ちが募ってくるのが人間心理。しかも、すごくよく似合っていたとなればなおさらだ。そこへ「運がいいですよ。ありました」と言われれば、色違いだろうがなんだろうが、欲しい気持ちのほうが上回ってしまうというわけである。

商売は、押しの一手ばかりではなく、ときには引くことも必要なのだ。

お客をとりこにする秘訣は、たまに与える「快体験」にある

クラブやキャバクラで人気となるホステスやキャバ嬢には、ある共通点がある。それは、気安くお客さんの誘いに応じないということだ。

おっと待ってくれ。人気の子でも気安くデートしてくれる子もいるぜ。こないだなんか、デートしてから、うひゃひゃひゃひゃ……という方もいるかもしれない。だが、新宿のカリスマキャバ嬢はこう言う。

「たしかに、枕営業と言って、お客さんと寝ることで指名や同伴を取る子もいるわね。でもね、そういう子は長続きしないの。そんなことまでしたくないほかの多くの同僚から白い目で見られ、敵に回すことになるわよ。女のいじめって壮絶だから、それで潰れていく子も多いわね」

さらに、銀座の老舗クラブで長年ナンバー1として君臨するホステスさんも言う。

「お客さんと寝る子につくのは、クラブやキャバクラで女の子との会話を楽しみたいというお客さんじゃなくて、アレ目当て。だから、品のないお客さんばかりになるの。そのうち、タチの悪いヒモにひっかかって、稼いだもの全部吸い取られてボロボロになっちゃうケースも多いわね」

二人は口をそろえて言う。

「そもそも、クラブやキャバクラって、この子は気があるかなあ、ものにできるかなあっていうギリギリのところで、お客さんとホステスが駆け引きするところに面白み

があるんじゃない？　寝ることばかり考えているんだったら、風俗に行きなさい！」

きついご意見ありがとうございます。

とにもかくにも、人気のホステスやキャバ嬢は、めったにお客の誘いには乗らないものだ。しかし、まったく乗らないかというと、そうではない。たまに、デートしてくれたり、アフターにつき合ってくれたりはする。

ここに、人気の秘訣がある。たとえば、なぜパチンコが流行ったのか考えてみよう。毎日パチンコ屋に通っても、そうそう勝てるわけはない。しかし、それでも通ってしまうのは、以前大勝ちした体験が記憶にあり、「今日も大勝ちできるかもしれない」という期待があるからである。

心理学でもそれは確かめられている。ある行動を繰り返し行ってしまうのは、快体験をしたことがあるからだ。快体験とは報酬である。しかし、常に報酬が得られるとわかっているときは、その行動を起こす意欲が失われてしまうのだ。

つまり、**簡単に勝てるゲームには興味を失ってしまう**ということである。その一方で、パチンコや競馬のようなギャンブルは、ときたま報酬を得られる。このような状況が、もっともはまる心理状態に陥りやすい。

ホステスやキャバ嬢がたまにデートしてくれるというのも、ギャンブルにはまるのと似たような状況だ。高嶺《たかね》の花とデートできたという快体験が、「またデートできるかもしれない」という期待感を膨らませ、足繁く店に通って、指名を繰り返してしまうのである。

説得力を増す話し方は、しゃべりのスピードにあった

ここに、二人のメンタルトレーナーがいる。メンタルトレーナーとは、主にスポーツ選手のメンタルケアを行う、いわば心のサポーターである。

一人はとても温厚で、選手の話をじっくり聞き、こちらの意見を押しつけず、時間をかけて話し合いながら、目標を作り上げていくタイプ。

もう一人は、早口にまくしたてる、一見せわしないタイプである。

この二人のメンタルトレーナーのうち、どちらのほうがより高い実績をあげていると思うだろうか？

おそらく、多くの人がじっくり話を聞くタイプだと思うに違いない。メンタルというきわめて微妙な部分を扱うことから、じっくり話を聞き、また諭すように話をする人柄の温かいタイプのほうが適していると考えるのが普通だ。

ところが、実際は、早口にまくしたてるメンタルトレーナーのほうが、選手からの信頼も厚く、高い実績を残していた。

いったい、どうしてだろうか？

誤解のないように言っておくが、ここでのポイントは、じっくり話を聞くことが悪いということでもなければ、人柄が温かいことがかえってマイナスに作用していると いったことではない。単純に「早口」であることが、このメンタルトレーナーの実績に影響を与えているのだ。

いくつもの心理学の実験で、**ゆっくりしゃべるより、早口でしゃべるほうが、説得力が増す**ことが確かめられている。

たとえば、街頭で「アナウンサーがゆっくりしゃべるラジオ番組」と「早口でしゃべるラジオ番組」を聞かせて、どちらのほうが心を動かされるかを尋ねてみると、やはり早口でしゃべるほうが圧倒的な支持を得るのである。

また、成績のいいセールスマンを見ても、どちらかといえば早口でテンポよく説明するタイプの人が多い。

こうしてみると、人を説得するときや商品を買ってもらいたいときは、早口でまくしたてるのが最良の方法と思うかもしれないが、事はそう単純ではない。

日本人を対象とした調査では、早口は「活動的」「積極的」と思われる半面、「落ち着きがない」「焦っている」という印象を与えることがわかっている。

自動車ディーラーで断トツの売上げを誇っている営業マンのK氏は、説得力のある話し方について次のように述べる。

「品質や性能など、専門用語が出てくるむずかしい部分は、早口でしゃべるのがいいようです。だいたい内容がつかめればいい。しかし、肝心な売りのポイントではスピードを落とし、ゆっくり、穏やかに、相手にわかりやすいように話すことが重要です」

早口とゆったりした口調を**バランスよく使い分け、しゃべりのスピードをコントロールする**のが、セールストークの達人の条件なのだ。

錯覚を利用して、資料やデータを都合よく見せる

ある商品のユーザーイメージを調査するとき、街頭アンケートでアトランダムにイメージを聞いて回るという手法はよく用いられる。

　こうして得られたユーザーイメージのデータは、ユーザーの声を如実に物語っているのだから、これを重視するのは当然……と思っていたら、あるベテラン・マーケッターは、大きな声じゃ言えないがと前置きしつつ、「データなんて、見せ方次第でどうとでもなる」と言い放った。

　見せ方次第？　どんな見せ方をすると、何がどう変わるのだろうか。

　次ページの図は、あるジャンルの商品のシェアを円グラフで示したものである。

　図①はシェアが高い順に並べたものだ。商品Aはシェア38％でトップ。このグラフで見る限り、38％という数字は微妙だ。少なくとも、圧倒的1位という感じはしない。

　だが、図②のグラフを見ていただきたい。シェアの順番を無視し、商品Aを一番下にもってきた。グラフの中の商品Aの位置を変えただけだが、受けるイメージはずいぶん違ってくる。商品Aは圧倒的なシェアを獲得しているように見えないだろうか。

　なぜ、これほどまでにイメージが変わるかというと、**グラフが安定した形になったので、商品Aも安定した地位にあると錯覚を起こした**のである。

　図①では、競合商品のシェアがひとかた

まりで目立ってしまい、「ライバル商品が約六割ものシェアを取っているではないか。これでは我が社の商品のシェアも危ない」といった意見が出てきかねない。しかし、これを図②のようにして見せれば、「うん、我が社の商品Aは圧倒的なシェアを獲得して、順調に成長を続けている」という意見が大勢を占めるだろう。

「見せ方の違いによって、これだけイメージが変わるんです。相手によって、また場合によって見せ方を工夫していくと、データを改ざんすることなく、心理操作をすることができるんですよ」

この手法は、すでにさまざまなところで使われている。私たちも、ちょっとした心理的錯覚を利用されて、知らず知らずのうちに心理操作されているかもしれないのだ。

データは見せ方しだい……

図①
シェア順通りに見せると

図②
安定した形で見せると

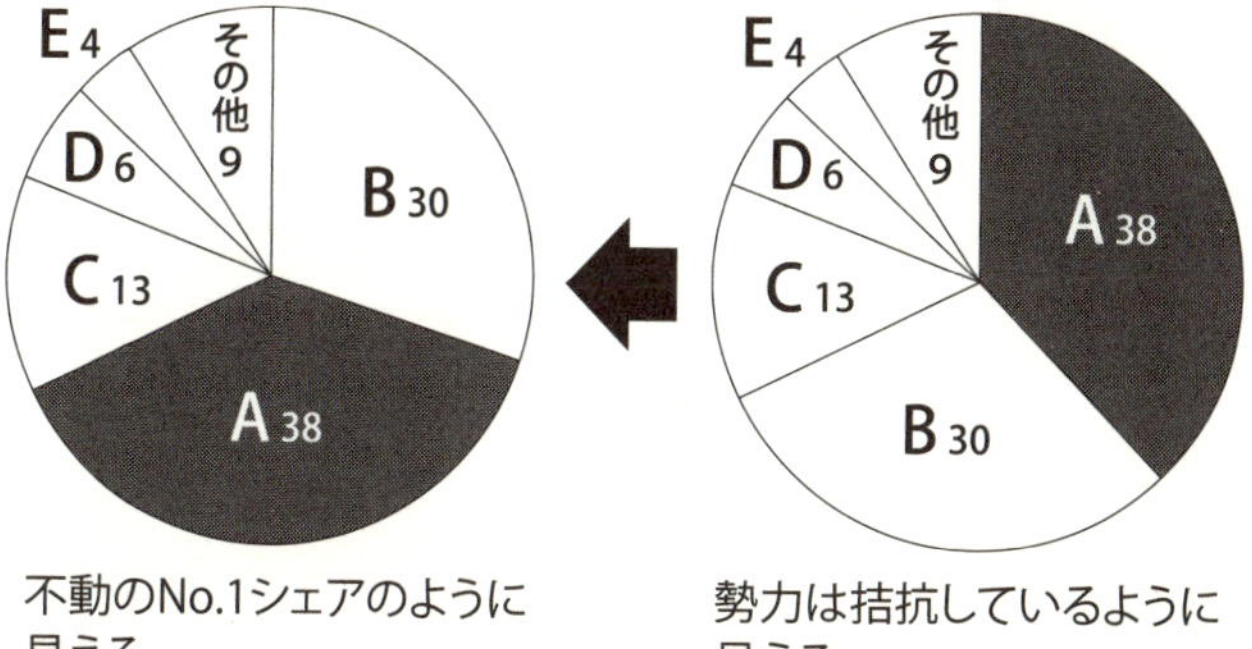

勢力は拮抗しているように見える

不動のNo.1シェアのように見える

分割するか、統合するか データを味方にするテクニック

ほかにもデータを上手に加工して、自分たちに都合のいいイメージを作り上げる方法はたくさんある。「データ統合テクニック」もその一つ。

たとえば、まだ市場に投入していない商品のイメージ調査を行ったとしよう。対象者に商品を使用してもらい、7段階で評価をお願いした。その結果は次のとおりだ。

・非常にいい　15％
・まあまあいい　13％
・どちらかといえばいい　17％
・どちらかといえば悪い　6％
・悪い　20％
・非常に悪い　13％
・わからない　16％

このデータをそのまま見ると、「悪い20％」が突出していて、あまり支持している人間はいないように見える。これを見せれば、会社の上層部は発売にGOサインを出すのをためらうかもしれない。

そこで、**「データ統合テクニック」**を使うわけだ。大胆に「いい」と「悪い」「どちらともいえない」の3分類にまとめてしまう。すると、こうなる。

・いいと思う　45％
・悪いと思う　39％
・どちらとも言えない　16％

このようにして見せれば、「いい」が「悪い」を上回り、マーケットではおおむね好評に迎えられたという印象を与えることが

できるのだ。

これとは逆に、**「データ分割テクニック」**もよく使われている。

ある県で、ダム建設反対の運動が盛り上がり、住民アンケートを行うことになった。結果は、ご覧のとおりである。
・建設賛成　45％
・建設反対　55％
このデータがそのまま議会に上げられれば、議会内の建設反対派を勢いづかせ、県知事選挙や県議会議員選挙にも影響を与えかねない。調査を担当したマーケティング会社では、そうした事態を憂慮して、反対を投じた人にさらなるアンケートを行った。その結果、出てきたデータがこれである。
・建設賛成　45％
・すべてのダム建設を凍結　12％
・必要のないダム建設は凍結　16％
・せめて建設数を半分に減らす　18％
・自分の地域のダム建設を凍結　9％
反対派を細かく分割して、それぞれの割合を小さくしたのである。これを見ると、もっとも多くの住民がダム建設に賛成しているように見える。「反対」といっても望む方向がそれぞれ違うことを前面に出し、建設反対派の機先を制することができるのだ。

「この程度のデータの加工は、プロなら誰でもやっていますよ。べつにデータをでっち上げているわけではありません。ただ、見せ方を工夫しているだけです。見せ方の工夫をとがめられることはありませんからね」

そう言って、ベテラン・マーケッター氏は不敵に笑った。

赤字レストランを人気店に変えた「ランク効果」

新しくオープンしたフレンチレストラン。開店当初は評判になったが、すぐに厳しい現実に直面していた。客足はそこそこ増えていたが、売り上げが低迷し、経営が行き詰まったのだ。

原因はわかっている。客単価が低いのだ。たとえば、ランチコース。この店のランチコースは2種類ある。一つは、魚料理か肉料理を選び、それにパンとサラダとコーヒーがついてくる1000円のリーズナブルなAコース。もう一つは、前菜にスープ、肉か野菜のメインディッシュ、パンとサラダ、さらにデザートとコーヒーがついた3500円のBコース。

Aコースは赤字覚悟のお試しメニューである。これで味を知ってもらい、次に来た際に、もう少し本格的なBコースを選んでもらう目論見《もくろみ》だった。ところが、意に反してリピーターはBコースではなく、再びAコースを選んでしまう。そのため、売り上げがちっとも伸びていないのだった。

頭を抱えたオーナーシェフは、とある経営コンサルタントに相談した。すると、そのコンサルタント氏は、「客単価を伸ばせばいいんでしょ？　そんなの簡単ですよ」と言う。

彼がアドバイスしたのは、ランチメニューにBコースより高いCコースを作れという簡単なものだった。「そんな簡単なことで……」と絶句したが、ともかくコンサルタント氏に従ってみることにした。すると驚くことに、翌日から結果があらわれたのである。

ランチでBコースを選ぶ人が増え、1週間後には約8割のお客さんがBコースを選ぶようになっていた。

こんなことで本当にBコースを選ぶ人が増えるのかと疑問に感じる人もいるかもしれないが、これはマーケティングの世界では**「松竹梅の論理」**として有名なものだ。

人は、松・竹・梅と3ランクの商品があると、真ん中の竹を選びやすいという心理的傾向をもっている。最低ランクの梅では安っぽすぎると考え、最高ランクの松では高すぎて分不相応ではないかと感じる。よって、**中間にある竹を選ぶのがいちばん無難であると考える**のだ。

この場合も、Cコースを新設することによって「松竹梅の理論」を利用したのである。Aコースとβコースしかなければ、お客は1000円と3500円という価格を比べ、Bコースは高いと判断してしまう。したがって、リーズナブルなAコースを選択する人が多くなる。

しかし、ここにもう一つ、7000円のCコースが加わったらどうだろうか。7000円では高いが、1000円ではちょっと貧乏くさい。ここは真ん中のBコースを選んでおこう。そう考える人が増えたので、3500円のBコースの注文が大幅に増加したのである。

人間心理のウラをついた「松竹梅の理論」。商売を軌道に乗せるためには、こういう戦略も必要なのだ。

硬軟の落差を使って人を動かす心理操作

T氏は多重債務者である。要するに、あちこちの消費者金融やヤミ金からお金を借りまくって首が回らない状態にあるということ。連日のように、取り立て屋がアパートに押し寄せ、返済を迫ってくる。

「オラア、いることはわかってんだよ。金借りといてシカトはねえだろ！」

「こらあ、くそガキ。甘く見とったらあかんぞ。腎臓一つ売り飛ばせえや！」

「マグロ船でも乗るか、コラ。生命保険かけて船から落としてもええんやぞ！」

明らかにカタギではないとわかる、見るからに荒っぽい連中が部屋のドアを叩いて声を張り上げるのだ。

そんなとき、たいていは耳をふさいで部屋の隅にうずくまっているのだが、そう毎回、居留守が通用するわけではない。

あるとき、外出して戻ったところを、張り込んでいた取り立て屋に捕まった。

「いつも居留守使いやがって、今日は逃がさへんで。なめたマネしとるなら、セメント抱いて東京湾にダイブするかあ？」

T氏はガタガタ震え、ひたすら「すみません」を繰り返すばかりである。

すると、取り立て屋は鬼のような形相をやわらげ、T氏の肩をポンと叩きながら、こう言った。

「ワシも好き好んで追い込みかけてるわけやないんやで」

先ほどとは一転して、やさしい口調だ。

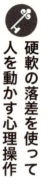

「借りたモンは返さにゃいかん。が、返すあてのない、お宅の気持ちもようわかる。しかしなあ、こっちにも立場ってもんがあんのや。返してもらわれへんかったら、こっちがどつかれるんやで。それはあんさんもわかってくれるやろ?」

Tさんは思わずうなずいてしまった。

「金かえさへんとごねるから、ワシも怒らなしょうがなくなった。ワシが怒るのは、あんさんのせいやで」

「す、すみません」

「謝るのは、もうええがな。悪いようにはせんから、ワシの言う通りにせんか?」

その言葉に、T氏はホロリときた。この人なら、なんとかしてくれるかもしれない。そう考えて、「はい、わかりました」と答えてしまったのだ。

その言葉を聞いて、取り立て屋の目がキラリと光ったのは言うまでもない。

「そうかい、じゃあ、どこかで借りて利子だけでも入れてくれへんかな。今からでも借りられる店、紹介するさかいに」

こうして、取り立て屋は新たに系列の金融屋を紹介し、さらに借金を膨らませることに成功したのだ。

T氏を愚か者と言うなかれ。誰でも、切羽詰まれば、彼のような行動をとってしまうものだ。

取り立て屋は、心理操作を行って、彼の行動を誘導したのである。つまり、**はじめは相手が恐怖を感じるぐらいに脅しつけ、次に一転してやさしい言葉をかける**。このギャップで、相手の行動を誘導していくのである。

“おとり”を使って相手をハメる霊感商法のこんな手口

霊感商法の一つに、高価な壺《つぼ》を売りつけるという手口がある。10万円も20万円もする壺を「運がよくなる」「邪気を追い払う」などといって言葉巧みに買わせるというものである。

「どうして、こんなのに引っかかっちゃうのかな。詐欺だって、すぐにわかりそうなものだけど。引っかかるほうが不思議だよ」

昼食を食べに入ったそば屋で、心霊商法で詐欺グループが逮捕されたテレビニュースを見ながら、Sくんは言った。それを聞いた友人のKくんはニヤリとする。

「S、悪いけど5万貸してくれないか。今月の家賃払えないんだよ」

「5万？　ムリ。オレだって月末は苦しいっちゅうの」

「そうかあ、じゃあ1万だけでも頼むよ。もうメシを食う金もないんだ」

「え、しょうがねえなあ。1万だけだぞ。給料が入ったら、すぐ返せよな」

ここでKくんは笑いをこらえながら言う。

「引っかかるほうが不思議だって？　おまえだって見事に引っかかってんじゃん」

「え？　どういう意味だよ」

「いま、5万貸してくれと頼んだよな」

「ああ、でも断った」

「そう、断った。ところが、その次に1万貸してくれと言ったら、OKしてくれた。これはどうだい？」

「1万まで断っちゃ、おまえが困るだろう

と思ったからだよ」

「そう、そこなんだよ。はじめに5万の借金申し込みを断っているから、次の1万が断りづらくなる。ここがミソなんだ」

人は依頼を断ると、何がしかの罪悪感を抱いてしまう。そのため、次に何か頼み事をされると、「今度はOKしなければ悪い」と思う。それが、**少しくらい理屈の通らない依頼でも、また断りを入れるくらいなら受け入れてしまおうと考えてしまう**。まさにSTEP1で紹介した「シャット・ザ・ドア・イン・ザ・フェイス・テクニック」である。

この心理を利用して、Kくんは最初に5万を貸してほしいともちかけた。もちろん、断られることを見越しての依頼である。そして、断られた後に金額を下げて1万円の借金をお願いしたところ、Sくんはあっさり受け入れたというわけである。

「霊感商法も同じなんだよ」とKくん。

「10万も20万もする壺の前に、数百万円の書だか掛け軸だかをもちかけられているんだよ。当然、それは断るよな。すると、今度は思い切りハードルを下げて、10万、20万の壺を買いなさいと言うんだ。それまで、あまりにもしつこい勧誘を受けていると、10万、20万ですむならいいやと思えてくる。それで、思わず買っちゃうんだ。どうだい？これでも買うヤツの気が知れないと思うかい？」

「なるほど、そういうことか。詐欺師たちも、あの手この手を考えてくるんだな」

はじめに高いハードルを掲げて、後から一気に落とす。みなさんも、お気をつけあれ。

相手に先入観を植え込んで都合のいいように動かす法

百貨店の店頭で、住宅用火災警報器の展示販売が行われていた。営業マンが声を張り上げる。

「みなさん、ご家庭の火事対策は万全ですか？　何かあってからでは遅いですよ。

火災警報器があれば、火災が起こっても小火《ぼや》のうちに警報が鳴って知らせてくれますから、簡単に消火できます。もし、大きな火災に発展したとしても逃げ遅れることはありません。

とくに、ご高齢の方や小さなお子さんがいる家庭には必需品です」

住宅用火災警報器の設置が義務化されたので、足をとめるお客さんも多い。

「でも、火災警報器は高いじゃないですか。最低でも、4、5万円はします。大手メーカーのブランド品になると10万円以上するのがザラです。しかし、今日ご紹介するこの火災警報器は、大手メーカーの製品と同等の性能ですが、お値段はたったの2万5000円なんです。

なぜ、そんなに安いかって？　そりゃあ、宣伝費をかけてませんし、いまはテスト販売のキャンペーン期間中なんですよ。本来なら4万5000円のところを今日、明日に限って2万円引きの2万5000円でご提供します。さあ、ご検討ください」

実は、このセールストークには、ある心理トリックが使われている。おわかりだろうか。

営業マンは「住宅用火災警報器は、最低でも4、5万円する」と言っていた。ここがポイントである。

「最低でもこれぐらいはする」と強調して言うと、聞いている人は「相場はそれぐらいか」と思ってしまう。**あまりなじみのないものは、「そういうものか」と信じ込んでしまう**のだ。

これを心理学では**「フレーミング」**と呼んでいる。相手の思考に枠をはめて、こちらの都合のいいように操作するテクニックである。

「相場は4、5万円ぐらい」と思考の枠組みをつくってしまえば、2万5000円の商品はとても安く感じる。本当に相場が4、5万円かどうかは関係ない。知らなければ、思考はこの枠組みを基準にしてしまうからである。

このフレーミングによる心理操作は、いろいろ応用がきく。たとえば、会議で反対意見を述べる相手に対して、「市場調査をしてみたところ、このような結果が出ています」とこちらに有利なデータを見せるという方法もある。

「一般の人は、このように考えているのか」と枠をはめ、有利な状況に持ち込みやすくなるだろう。

ただし、これが通用するのは、相手が実情をよく知らない場合に限られる。詳しい知識を持っている相手にフレーミングを仕掛けようとしても効果はあがらない。

主張の間違いや矛盾を指摘されて、こちらが窮地に追い込まれてしまうかもしれない。

乗り気でない物事でも協力させてしまう、このひと言

「人間って不思議なもんですね」

テレホンアポイントのバイトをはじめたHくんは、同じ職場で働く先輩にそう言った。

Hくんの仕事は、通信販売で商品を申し込んだ人のところに電話をかけ、申し込みの確認と家族構成の聞き取りを行うことである。

申し込みの確認は表向きの理由。本当の狙いは家族構成を聞き出すことにある。「配偶者や子供はいるか」「その年齢は」など、質問は基本的なものばかりだが、購入者の家族構成をつかんでおけば、その後の販促などに役立つのである。

とはいえ、昨今は個人情報保護の観点から、プライベートな事柄を明かすことに慎重になっている人が多い。

「家族構成を教えてください」と言っても、「はい、そうですか」と教えてくれる人はまずいない。

だが、会社から配布されたマニュアルには、個人情報を出し渋る顧客に対する対処法も述べられていた。そこには、

「『ほかのお客さまにもご協力をいただいておりますので』と述べよ」

と書かれていたのだ。

「ほかのお客さまにもご協力をいただいていますというセリフひとつで、ペラペラしゃべるお客が多いんで驚きましたよ。しかし、どうしてこんなセリフひとつで教え

てくれる気になるんでしょうか」

Ｈくんが先輩にそう言うと、先輩はこう答えた。

「おまえ、**『同調性の心理』**って知ってるか？」

「同調性の心理ですか？　知らないなあ」

「じゃあ、みんなと一緒でいたい、仲間はずれになりたくないという思いと言えば、わかるだろう。**人ってのは、できるだけ周りの人間と同じでいたいんだよ**。そこからはみ出ることが怖いんだ」

「そうですね、オレも仲間はずれはイヤだもんなあ」

「そう、だから『ほかのお客様にもご協力をいただいております』というひと言が重要なんだ。みんながやっているんだったら私も、という気持ちにさせるんだよ」


同調性の心理は、さまざまな場面で応用されている。たとえば、ファッションの流行などは典型的な例だ。

女性ファッション誌ではことあるごとに、「今年は流行色・赤を上手に着こなす」などといった特集が組まれる。そうすると、読者は「流行だから赤を着なくちゃ」と思い、町中、赤い服を着た女性だらけになるというわけである。

この心理を応用すれば、乗り気でない相手や反対意見を持つ相手に協力させることも不可能ではない。

「みなさんにもやっていただいています」というのはもちろん、知り合いの名前を出して、「○○さんもやりましたよ。××さんも快く引き受けてくれました」と迫ってもいいだろう。

知らず知らずのうちに相手につけいる心理テク

社内で断トツの販売実績を誇る、自動車販売会社の販売員M氏。先輩や同僚たちが、毎月、四苦八苦しながらノルマを達成しているのを横目に、月半ばにはノルマを楽々クリア、目標値の2倍売り上げるのも珍しくない。

M氏の営業実績を支えているのが、高級車の売り上げ。ふつうのサラリーマンならなかなか手が出ない高級車を、中小企業の社長や儲かっている自営業者に、どんどん売り込んでしまうのだ。

もちろん先輩や同僚だって、同じような人たちのところへセールスに行っている。とはいえ門前払いが当たり前で、クルマを売るどころか、話を聞いてもらうことすらむずかしい。それなのにM氏だけ、なぜ彼らの懐に入り込むことができるのか。M氏によると、**人間なら誰もが持っている「教育本能」**を利用しているという。

「人に何かを教えるって、気持ちいいでしょ。学生の頃、同級生に数学の問題を聞かれて教えてあげたら、すごく感謝されて気持ちよかった経験、ありません？　自分が役に立てたという喜びもあるし、相手より一段上に立った気になるから、優越感も満たされる。もっと相手に何かしてやろうという気にもなりますよね。そんな気持ちを相手に持ってもらうようにするんです」

具体的には？

「とくに中小企業の社長さんや、儲かって

る自営業者の人たちは、自分の成功話や自慢話をしたいものです。でも周囲の人は聞き飽きているから、真剣に聞いてくれない。そこへ『成功の秘密を教えてください』といった態度で近づいていくんです」

とはいえ、いきなりそんなことを言っても、うさん臭く思われませんか？

「もちろん、最初のうちは相手にされません。でも、会社や店の『ここがすごいですね』なんて話をしていくうちに、だんだん心を許して、『じつは、ここにはこんな工夫がある』などと、うれしそうに話すようになります。それを『なるほど！　もっと教えてください』と目を輝かせて聞いていけば、どんどんこちらに気を許すようになるんです。そこで『では、こんなクルマはいかがですか』と言えば、買ってくれる人は多いですね」

人にものを教えるのは、気持ちいい。**教えてやる相手に好感を抱き、「もっと何とかしてやろう」という気にもなりやすい**。そんな人間の自然な感情をセールスに生かしているというわけだ。

人に何かを教えるには知識や技術がいるが、「教えて」と頼むのには、何も必要ない。ただ相手の言うことを真剣に聞き、さも「役に立った」「あなたは素晴らしい」という態度を取るだけだ。これだけで相手は満足し、こちらに心を許すようになるのだ。

「こんな簡単なテクニックなのに、意外に誰も使わないんですよね。もっとも僕も、わざわざ同僚たちに教えもしませんが」

トップセールスマンらしい、自信に満ちた顔で語るM氏だった。

難しい依頼には「じっくり考えてくれ」が効果的

転勤やリスクのある仕事を上司が頼んできたとき、次のどちらの言い方のほうが信頼が置けるだろうか?

「今すぐキミの答えが聞きたい」

「答えは後でいいから、よく考えておいてくれないか」

おそらく後者のほうに信頼が置けるという人が多いだろう。

一方的な命令ではなく、「考えておいてくれ」ということで、こちらの判断も尊重してくれるような印象がある。こういう上司を「頼りがいのある上司」と思う人もいるのではないか。

でも、ちょっと待ってほしい。もしかすると、それは非常に狡猾《こうかつ》な作戦かもしれない。

驚くかもしれないが、**人を説得する場合は、少し時間をおいたほうがOKを得やすい**ことがわかっている。心理学では、これを**「仮眠効果」**と呼んでいる。

ふつうは、難しい依頼であればあるほど、すぐに返事をさせたほうがいいと考えるところだろう。考えるヒマを与えずに答えをもらってしまえというわけである。

しかし、依頼するのが難しい問題や、相手が少し疑問に思っている問題では、十分に時間をおいたほうが説得しやすいのである。

なぜ、時間をあけたほうがいいのか?

説得された人は、時間がたつにつれ、自

分が引き受けなければならないリスクやデメリット、信憑性《しんぴょうせい》の低さなどのマイナス面を忘れてしまう傾向があるからである。

時間がたつとマイナス面が薄らぎ、自分が説得されたという事実だけが記憶に残るのだ。

その結果、「OKしてもいいかな」という気持ちになりやすいのである。

ある心理実験によると、仮眠効果が表れる時間は、人によって異なるが、だいたい1〜4週間ということがわかっている。

だから、「答えは1週間後でいいから、じっくり考えてみてくれ」と上司に言われたら、それはこちらのことを考えてくれているのではなく、仮眠効果を使って譲歩を引き出そうとしているのかもしれない。

やさしい言葉に感動して、「あの上司の頼みなら断れないか」と結論を出すのは、相手の術中にまんまとはまっている可能性もあるのだ。

逆に言えば、難しい問題の対処を引き受けてくれるよう人を説得したいなら、返事を急がず、ゆっくりじっくり考えさせたほうがいい。

「今すぐ結論を出さなければ、○○に話を持っていってしまうよ」などと早急な結論を求めるのは、かえって逆効果になりかねないのだ。

「急がば回れ」のことわざではないけれども、本当に相手を説得したいなら、こちらも鷹揚《おうよう》にかまえて、じっくり待つことも必要なのである。

心理テスト
3

森の中で見つけたものは

あなたは、森の中を気持ちよく歩いています。
①誰と一緒に歩いていますか？
②動物に出会いました。その動物は何ですか？
③森の中に一軒家を見つけました。どれくらいの大きさですか？　また、フェンスはありますか？
④中に入るとテーブルがありました。何が置かれていましたか？
⑤裏口から出ると、芝生の上にマグカップを見つけました。マグカップは何でできていますか？

【解説】アメリカで、当たると評判になっている心理テストです。

①一緒に歩いているのは、いちばん大切な人です。
②出会った動物は抱えている問題をあらわしています。怖い動物ほど、問題が深刻なことを意味しています。
③家の大きさは野心の強さです。フェンスは、心の開放度を意味し、少ないほど心を開いています。
④食べ物や花を見た人は、いま幸せだと感じています。
⑤マグカップの丈夫さ（素材の硬さ）は、一緒に歩いている人との関係の深さを表しています。

STEP 4

ふたりの距離を縮める恋愛の心理法則

好かれているかどうかが表れる、相手の言動とは

ナンパ塾なるものが存在する。路上や店で女の子に声をかけ、仲良くなるためのノウハウを指導するものだ。ナンパ歴10年、これまで数百人の女性を落としてきたと豪語する講師のNさんは、次のように言う。

「ナンパというと、女の子と遊ぶための軽薄な行動と思われがちです。たしかに、そういう側面があることは否定しませんが、僕たちが教えているのは、ナンパという手段を通したコミュニケーション・スキルです。女性と仲良くなるテクニックを身につければ、誰とでも円滑な人間関係を築くことができます」

ものは言いようと聞こえなくもないが、一理あることも確かだ。女性に臆せず声をかけられるようになれば、たいていの人とは気さくに話すことができるようになるだろう。そういう意味では、ナンパはコミュニケーション・スキルを磨く一つの手かもしれない。

じゃあ、絶対成功するナンパの仕方を教えてくれませんか？

「それは企業秘密。でも、コツをいくつかお教えしましょう」

そう言ってNさんが教えてくれたのは、好意を持たれているか、そうでないかを見抜く秘訣だ。

よく言われることだが、相手があなたに好意を持っているなら、会話しているとき、**身を乗り出すような姿勢**になる。椅子の背もたれから背中が離れないようなら、会話が退屈か、あなたが嫌われている証拠である。

また、相手と向かい合って座ったとき、あなたとの間に書類や灰皿などを置くような場合もうまくない。無意識のうちに、あなたとの間に障壁を設けているからだ。

好きな女の子を飲みに誘ってみて、「いま忙しいの」と言われたら望みは薄い。あなたのことが気になっているなら、少し無理をしてでもスケジュールを調整するはず。本当にスケジュールも空けられないほど忙しいなら、少なくとも「その日は無理だけど、この日ならいいよ」と代替案を示してくるはずだ。それもないなら、「あなたと飲みになんか行きたくないんだよね」という意思表示だと思っていい。

また、女の子に電話をしてみて、「どうしたの?」といったそっけない言葉が出てきたら脈はない。あなたに対する関心は、非常に薄いということだ。

恋愛カウンセラーが伝授
女性のラブサインはここに出る

最近、まったく恋愛ができないとお嘆きのあなた。その原因は、あなたの鈍さにあるのかもしれない。

恋愛コンサルタントとして、ネットや雑誌で活躍するM子さんは、

「近頃は、男性側の恋愛能力が極端に落ちていますね。たとえば、女の子がラブラブビームを出しているのに、まったく気づかない男性が多い。これじゃあ、恋のきっかけなんて訪れませんよ。もっと、女の子の心理と行動を勉強してほしいですね」

と手厳しい。

女性の意識が解放されて、恋愛にもセックスにも積極的になっている現代では、女性の側から誘いをかけてくることも珍しくはない。でも、せっかく女性が発しているラブサインを男性側がしっかり受け止められないようでは、女性も愛想を尽かしてしまう。

では、女性はどんなラブサインを出しているのか。M子さんに紹介してもらおう。

「定番は、『相談したいことがある』ですね。ホントにしたいのは、あなたと恋の相談なんですよ」

「職場で女性がコーヒーやお茶をいれてくれることありますよね。そんなとき、『ブラックでしたよね』とか、『濃いのがお好みでしたよね』なんて言ってきたら、ラブビームの可能性大。私はあなたのことをよく覚えてますというアピールです」

「あなたのスマホに、『この間のプレゼンの件だけど』なんて、仕事を装って頻繁に電話をしてくるのも、ラブサインですよ」

「ジュースを飲んでいるときに、『一口ちょーだい』とねだるのも、あなたが気になっている証拠。いやな人が口をつけたジュースなんて絶対に飲みたいと思いませんからね」

「お昼ご飯を一緒に食べに行ったとき、あなたが注文したものを『私もそれにする』と言ったらラブサインの可能性が高いですね。気が合うことをアピールしているんです」

「テルリンなどと、ほかの人が使わないあだ名で呼んできたら、まず間違いなくラブサインを出していると思っていいですね。二人の距離を縮めたいという気持ちの表れです」

いかがだろうか？　こんなラブサインを見逃してはいなかっただろうか。全然、思い当たるフシがない——その場合には、また違ったテクニックが必要のようだ。

クラブの黒服が注目する、お客の関心度をはかるポイント

クラブの人気ホステスは、人間心理を巧みに利用してお客さんを上手にあしらっているが、心理学を駆使しているのはホステスさんばかりではない。お店の黒服も、人間心理を読まなければならないのだ。

銀座の某クラブの店長に聞いてみよう。

「店のスタッフは、ホステスとお客さんの関係に常に注意を払っておかなければなりません。とくに、お客さんがどの女の子をどの程度気に入っているかをきちんと見きわめることは非常に重要です。トラブルを未然に防ぐという意味合いもありますが、店の売り上げアップのためにも欠かせません。女の子に、お客さんにプッシュさせて同伴をお願いするんです」

お客さんがホステスさんのことをどれくらい気に入っているかを見きわめるために、店長は体のある部分に注目しているという。

それは、目の「瞳孔《どうこう》」である。お気に入りのホステスに接客してもらっていると、お客さんの瞳孔は開き、大きくなるというのである。要するに、お客さんが黒目がちなときにそばにいるホステスがお気に入りということだ。

瞳孔は目に入ってくる光を調節する器官だが、調光機能を果たす以外にも大きくなったり小さくなったりすることが実験で確かめられている。たとえば、自分の好きな分野、興味のある話題の話をしているとき、好きな食べ物を前にしたときも、瞳孔は開きぎみになる。そして、**好きな異性と会ったときも、瞳孔は大きくなる**のである。

少女マンガでは、憧れの先輩に会った主人公の目が黒目いっぱいでキラキラしている絵が描かれるが、これはあながちウソではないということになる。

また、黒目がち（瞳孔が開いている）だと、相手に好印象を与えやすいことも明らかになっている。そのため、ファッション・グラビアのデザイナーは、目を黒くして、その中にキラリと光が輝く修正を施す。そうするだけで、写真の印象がまったく違ったものになる。

あなたも、好きな人が自分のことをどう思っているかを知りたければ、瞳の中をのぞき込んでみてはいかがだろう。

すぐできる感嘆テクニックでほめ上手に変身

私たちはほめられるのに弱い。それは、私たちが、人にほめてもらいたいという**「承認欲求」**を持っているからである。人にほめられ、認められることで、私たちは自意識を大いに満足させるのである。

「いやあ、魅力的ですね」と言われれば、どんな女性もうれしい。お世辞とはわかっていながら、気分よくなってしまう。男性も「男らしいわ」などと言われたら、途端に表情がゆるみ、オレもまんざらではないかもなんて思いながら、一日ニヤニヤしていることだろう。

ところが、なかには人をほめるのが苦手という人がいる。そういう人間が接客業についてしまうと、非常に困ったことになる。愛想のないヤツと思われ、お客さんがつかないのだ。

新米キャバ嬢のミユキちゃんもそのタイプ。お客さんからも同僚からも、「あの子、ちょっとツンツンして感じ悪いね」と評判がよろしくない。

見かねたナンバーワン・キャバ嬢のアサミ姉さんが指導に乗り出した。

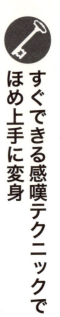

「なんて言ってほめていいのか、わかんないんですよ」

「もう！　格好をほめるとか、持ち物ほめるとか。何だっていいのよ」

「でも〜、とっさだと出てこないんですよね」

「じゃあ、これだけ覚えておきなさい。すごいとか、本当とか、上手とか、感嘆のセリフくらいは言えるでしょ。こういう感嘆のセリフを言うときは、伸ばして言うの」

「感嘆のセリフですか？」

「そう、『すごい』は『すご〜い！』、『本当？』は『ホント〜？』、『上手！』は『じょ〜ず〜！』ってやればいいのよ」

「アサミさん、すご〜い！」

「何言ってんの！　でも、そんな感じよ。ドラマ効果って言ってね、**セリフを引き延ばすと説得効果がアップする**のよ。覚えておきなさいね」

「は〜い」

その夜、店内にミユキちゃんの「すご〜〜〜い！」という叫び声が何度もこだましたのは言うまでもない。

お目当ての人がいたら、できるだけそばにいよう

新しく学校に入ったり、会社に入ったりしたとき、まずどんな人たちと仲良くなるだろうか。おそらく、隣の席など自分の近くにいる人と仲良くなるにちがいない。

これは**「近接の要因」**といって、**近くにいる者同士が好感を抱きあって仲良くなる心理的傾向**を示している。

もちろん、近接の要因は恋愛にも通じる。

恋愛上手の会社員、Y子さんがビビッときた人に用いる恋愛テクニックの第一弾が近接の要因だという。

「気になる人がいたら、絶対そばにいく。社員食堂で見かけたら、すぐ隣の席はわざとらしいから一つあけて座るとか、出社時間を合わせて電車の中で会うようにしたり、とにかく彼の目に入るようにするの」

その効果はあるんですか？

「それがすぐに恋愛に結びつくことはないけど、目に触れる機会が多いとなんとなく好意が生まれるのよ。『なんか、よく会いますね』なんて挨拶から会話がはずんで仲良くなることもできるしね。きっかけづくりには、いちばん簡単な方法だと思うわ」

たしかに、心理学でも**単純接触効果**といって、**目に触れる回数が多いものには好意を持ちやすい**という心理現象が確かめられている。だから、売り出したいタレントは、バラエティ番組などに出まくって、とにかく視聴者の目に慣れさせる。繰り返し何度も見ていると、視聴者もだんだんそのタレントのことを好きになっていくものなのだ。

遠くから見ているだけでは、二人の距離は縮まらない。気になる人がいるなら、思い切って近くに寄ってみよう。

Y子さんのように、社員食堂の近くの席に座るだけ、出社時間を合わせるだけでもいい。べつに話しかける必要はない。ただ近くにいればいいのである。

そして、ときどきチラリと気になる人を見てみよう。

もし、向こうもチラリとこちらに目を向けて、二人の視線が合ったなら、近接の要因は効果をあげている。向こうも、よく見るこちらに気がついて、気になっているのである。

あとは、どうやって話すきっかけをつくるかを考えればいい。

アイツは敵か味方か？この方法で一発チェック

気になるあの人が自分のことをどう思っているのか、とっても気になる。恋愛感情を持っているかどうかはともかく、恋愛対象として見てくれていないか、せめて好感を持ってくれていないか。考えだすと、気もそぞろだ。

まさか直接聞くわけにもいかないし、何かこっそり確認する方法はないだろうか。

あります。相手の動物的感覚を刺激して、その反応を見るのである。

動物と同じように、私たち人間も**「なわばり」**を持っている。一つは自分の体を中心としたなわばりで、30㎝以内に他人が近づくと不快を感じるという実験結果もある。

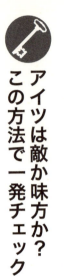

もう一つが場所のなわばりだ。わかりやすいのが、自宅や自分の部屋。これらは半永久的に自分の支配下にある空間で、くつろげる場所である。

また、オフィスにある自分のデスクなども、長期にわたって自分の支配下に置くことができる空間であることから、なわばり意識を感じる場所となる。たとえば、外回りから帰って来たときに、誰かが自分の席に腰掛けていたら不快に感じないだろうか。それは、自分のなわばりが侵されたと感じるからである。

この心理を利用すると、相手が自分に対してどういう感情を持っているか、おおよそ知ることができるのだ。たとえば、相手のデスクに自分の私物をわざと置いておく。要するに、故意になわばりを侵してみるのだ。相手が、「なんでこんなもん置いていくんだよ。早く片づけろ」と露骨にイヤな顔をしたら、残念ながら相手はこちらにあまりいい感情を抱いてはいない。

逆に、「これ忘れていますよ」とやさしく指摘された場合は、相手はこちらに好意を抱いている可能性が高い。なわばりを侵していても、不快感を示さないということは、なわばりの中に受け入れてもいいと無意識に感じているると解釈できるからだ。

この「なわばり侵犯作戦」を使って、相手の反応を確かめてみよう。たとえば、自分の名前が記されたフォルダーを彼のデスクに置いてみる。

相手が、「忘れてるよ」とやさしく対応してくれたら、それは「脈あり」のチャンス。あとは「好き好きビーム」を発動して、こちらの気持ちを伝えるだけ。なわばりに入れたのだから、成功の確率はグッと高くなるはずだ。

彼との距離を縮めたいなら斜め後ろから近づく

なわばりについて、もう少し見ていこう。

人は動物と同じようになわばりを持ち、他人にズカズカと踏み込まれることを嫌う。親しくなるにつれて、その距離は近づいていき、気持ちを通い合わせた相手なら、しっかり抱き合って相手を感じたいと思う。

これを逆手にとれば、相手のなわばりに入り、距離を近づけていくと、好意を持ちやすいということになる。

問題は、どうやって距離を縮めていくかだ。心理学の実験では、女性より男性のほうが近づきにくいことがわかっている。**男性のほうが、なわばりを広く持っている**からである。

では、どうやって近づけばいい？

一つ試してもらいたいのは、斜め後ろから接近する方法だ。

なぜかというと、男性のなわばりは円ではなく楕円形で、前が広く、後ろが薄い。目の前の敵を倒さなければならなかった時代の名残である。

それがわかれば、**距離を縮めるのは後ろ側からがいい**ことがわかってくる。さすがに真後ろからでは、『ゴルゴ13』でなくても警戒感を抱いてしまうので、斜め後ろからがいいのである。

距離を近づけるのは、シチュエーションを利用してしまえばいい。たとえば、映画館やプラネタリウムなら隣同士に座るから、自然と距離は近くなる。

また、バーのカウンター席に並んで腰かければ、肩やひじが触れ合うくらいまで近づいても不自然ではない。

恋愛女子の異名をとる会社員のS子さんは、「だーれだ？　と後ろから目隠しをして近づいちゃう」という。かなり大胆な方法だが、明るく、お茶目なキャラクターなら、そんなやり方も許されるだろう。

いずれにしても、なわばりに入り込むことができれば、二人の親密度は確実に深まっていくはずだ。

いい話には笑顔 たったこれだけで二人の距離は縮まる

心理カウンセラーは、人の悩みに耳を傾け、その不安な心理を取り除く手助けをしてくれる。では、心理カウンセリングにおいて、もっとも重要なことは何だろうか。

それは、**「共感」**することだという。

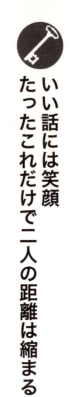

共感とは、相手と気持ちを同化させ、相手の感情を自分も感じることだ。そのために、もっとも大切なのは、話をよく聞くことである。そのとき、相手を説得しようとしたり、特定の方向へ導こうとしたりしてはいけないという。ただ話を聞き、相手をやさしく包み込む。それだけで、たいていの不安は解決してしまうものだ。

しかし、ただ話を黙って聞いているだけでは、相手に対して共感の気持ちを伝えることはできない。しかし凄腕の心理カウンセラーは、いとも簡単に、話をしている相手に共感していると感じさせることができるという。そのテクニックとは、**相手がプラスの感情を表現しているなら笑顔を、マイナスの感情を表現しているなら悲しそうな顔をする**——たった、それだけのことである。

言葉には何かしらの感情がこもっている。ただ事実を淡々と話しているように見えても、それを肯定しているのか、否定しているのか、自分の感情が少なからず反映されるものだ。それがプラスの感情なのか、マイナスの感情なのかを見抜いて、その感情に合わせた表情をする。そうすることで、相手に共感の気持ちを伝えることができるのである。

これは、恋愛においても有効なテクニックだ。

気になるあの子が、「昨日こんなことがあって」と楽しそうに話していたら、それはプラス感情。笑顔で聞いてあげる。逆に、「失敗しちゃった」とマイナス感情をあらわにしていたら、こちらも悲しそうな表情をする。たったそれだけのことで、二人の間には共感が生まれ、心理的距離が縮まっていくのである。

ただし、人の話というものはそれほど単純ではなく、プラスの感情とマイナスの感情が複雑に交錯し、プラスの話だと思っていたら、いつの間にかマイナスの話になり、それがまたプラスの話に変化するということもある。話の流れや相手の表情などをよく観察し、いま話していることがプラスなのか、マイナスなのかをすばやく判断し、表情を変えていく必要がある。

終わりよければ…イメージを急上昇させる「新近効果」

映画はラストシーンが重要である。途中まで面白いと思って観ていた映画でも、ラストのオチがひどいものだったり、難解すぎてさっぱり意味がわからなかったりすると、映画そのものが失敗作のように思えてくる。逆に、途中で退屈してあくびが出ても、ラストで見事な大どんでん返しが決まると、「なかなか面白いじゃん」ということにもなってくる。それだけ、映画にとってラストは重要なものなのである。

ラストが重要なのは、映画ばかりではない。「終わりよければすべてよし」という言葉に象徴されるように、**人は最後の印象が強くイメージとして残る**ものなのだ。これを**「新近《しんきん》効果」**と言うのだが、私たちの生活の中でも、ラストは重要なカギを握っているということだ。

たとえば、人との別れの場面。楽しかった彼女とのデートも、残り時間はあとわずか。二人は最後の余韻をいとおしむかのように寄り添って、見つめ合っている。彼女の気持ちをいっそうあなた一色に染め上げたいなら、ラストシーンは重要だ。

「今日は、とっても楽しかったよ」

「あたしも」

「じゃあ、またね。今度の日曜日」

ここがポイント――別れの言葉は、あなたから切り出すこと。先にさよならを言われると、人はもっと一緒にいたいと思うもの。それが、またあなたに会いたいという強い思いになっていくのである。

「営業でも新近効果は、とても重要ですよ」

と言うのは、営業マンの社員教育を行うセールス・コンサルタント氏だ。

「取引先やお客さんに好印象を与えるのは、ラストがいちばん肝心。ラストがダメだと、それまでどんなにがんばっても、認めてはくれません」

では、ラストシーンでは何に気をつければいいのだろうか?

「とにかく、お時間を割いていただいたことに感謝の気持ちを述べること。それから、何か情報をもらったら、『本当に勉強になりました』『ためになるお話、ありがとうございました』とお礼を言うことですね」

「あの人に会いたい」と思わせるプラスの言葉

スポーツ選手の精神面のケアをするメンタルトレーナーのもっとも重要な仕事道具は、「言葉」だ。言葉によって選手の悩みを引き出し、言葉によって解決策を探り、言葉によって心を癒やし、言葉によって新たなモチベーションを築き上げる。

メンタルトレーナーが言葉を使ううえで気をつけていることは、**「プラスの言葉を使う」**ことだという。

たとえば、一打ヒットが出れば逆転のチャンスで凡退して、「オレはどうしてチャンスに弱いんだろう」と弱音を吐いている選手がいる。彼のマイナスイメージを払拭しなければならない。そんなときは、こんな言葉をかける。

「『オレはチャンスに弱い』――マイナスの言葉ですよね。これは、こんなふうに読みかえるんですよ。たしかに、今日は打てなかった。でも、考えてみて。一打逆転のときに打順が回ってきているんだよ。見せ場もない人も多い中で、これって悪いことじゃないんじゃない？

チャンスが巡ってきたということは、運があるってことだよ」

なるほど、ものは言いようだ。

さらに言うなら、マイナスイメージが悪影響を及ぼすのは、自分ばかりではない。周囲の人間にまで影響を与えるのだ。「不景気で儲からないよ」と暗い顔で言う人と、「不景気でお金はないけど、これから巻き返すよ」と明るく言う人では、どちらの人と話をしたいと思うだろうか。**マイナス言葉ばかり使う人にはあまり人が寄りつかなくなり、プラス言葉を多用する人の周りにはいつも人が集まってくる。**

マイナスはマイナスを呼び、プラスはプラスを呼ぶ。それならプラス言葉を使ったほうが得策。自分の気持ちも明るくなるし、たくさんの人と仲良くなれる。

それには、まずグチは封印。「いやになっちゃったよ」「参ったなあ」「ダメだよ」――こんな言葉には、貧乏神が寄ってくる。

人に会ったら、どこかいいところを探し出してほめてみる。「あれ、今日はすごくオシャレだね」「ずいぶん顔色いいね」「すごく会いたかったんだ」――こんなことを言われれば、誰でも気分がよくなるもの。そして、こんなにいい気持ちにさせてくれるあなたに、また会いたいと思うはずだ。

悲惨なデートも修復可能
記憶をすり替える心理操作

初デートがいつも楽しいものとは限らない。せっかくデートにこぎつけたのに、思いのほか盛り上がらなかった。そんな経験のある人も多いだろう。

しかし、あまり案ずることはない。そんなものどうにでもなるのだ。

ある心理学の実験がある。交通事故の映像を見てもらった後、一つのグループには「激突したとき、クルマのスピードはどれぐらいだと思いますか」と尋ね、別のグループには「ぶつかったとき、クルマのスピードはどれぐらいだと思いますか」と尋ねた。要は、「激突した」「ぶつかった」と言葉を変えることで、事故への印象に違いが出るかを調べるのだ。

結果は、「激突した」と言われたグループのほうが、事故時のスピードを速く答える傾向が強かった。

さらに一週間後、「以前の映像で、割れたガラスを見ましたか」と尋ねると、「激突した」と言われた人の33％、「ぶつかった」と言われた人の14％が、「見た」と答えた。

実際には、映像に、ガラスの割れるシーンは入っていなかったのだが……。

これも人間の記憶のあいまいさを示すもので、実際の映像よりも「激突した」「ぶつかった」という言葉のもつイメージの影響を受ける人が多いのだ。

ここから言えることは二つ。一つは人間の記憶はあいまいであること。もう一つは、**記憶は言葉のイメージに左右されやすい**ことだ。

あまり楽しくなかったデートでも、「今日は楽しかったね」と言えば、「そうだったかな？」という気になる。

数日後、「あの日はうれしくて眠れなかった。すごく楽しかったから、また会いたい」といったメールでも打てば、「そういえば、そうだったかも」という気にもなりやすい。パッとしなかったデートも好印象の記憶に変わり、次につながる可能性が高まるのだ。

もちろんこのテクニックは、ビジネスにも応用できる。

商談がはかばかしく進まなかったときも、あとで「先日は非常に充実した時間が持てました。ぜひ話をもっと詰めましょう」と連絡すれば、相手の商談に対する印象がよくなる。次のアポイントも取りやすくなるのだ。

殺し文句の効果を高める「ウィンザー効果」の使いどころ

ホストの世界では、歴然とした階級が存在する。売り上げナンバーワンが絶対的な権力者として君臨し、他のホストをアゴで使うことができるのだ。

新宿歌舞伎町の某ホストクラブでナンバーワンの地位に君臨するN君は、絶対王者の特権を最大限利用している。店の新米ホストたちを動員して、自分のためにチームプレーを行わせているのだ。

どんなチームプレーかというと……。

「直接、『君はかわいいね』と言うと、たしかに喜ぶかもしれないけど、インパクトが弱いでしょ。だからオレ自身は、ちょっとつれない態度をとるんだよ。その後、若いヤツに、『絶対に言っちゃダメって言われてるけど、じつはNさん、あなたのこと、すっごく気に入ってるんですよ。いつも噂話ばかりしてるんです』と言わせるんだ」

つまり、自分では言わず、周囲の人間に、「あなたに好意を持っている」と伝えてもらうのだ。このやり方は、心理学的にも理に適っている。直接、当人が伝えるより、**第三者が伝えたほうが説得力は増す**。これを**「ウィンザー効果」**という。

たとえば、会社で課長から直接、「最近、頑張ってるな」と言われるより、同僚から「課長、お前のこと、『最近、よくやってる』ってほめてたよ」と言われたほうが、より「課長から評価されている」と思えるのではないだろうか。

ホストのN君も、この効果を利用して、お客の心をつかんでいるのだ。これぞ、「間接的な殺し文句」……。

このテクニックは、もちろん、ふつうに女の子を落とすときにも使える。合コンで気に入ったコがいたときだ。席を立ったとき、友人にちょっとささやいてもらう。

「あいつ、さっきA子ちゃんのこと、『すっごい好み』って言ってたよ」

自分で直接、「A子ちゃん、すっごいオレの好み」と言うより、ずっと信憑性《しんぴょうせい》が増す。いざ席に戻ったとき、あなたを見るA子ちゃんの目は、すっかり変わっているというわけだ。

注意すべきは仲のいい友達に頼むこと。そうじゃないと、こっそり何を言われるかわかりませんからね。

相手のハートをわしづかみにする間接言葉テクニック

女性を落とすには「ほめ殺す」のが基本といわれるが、ほめるという行為は意外にむずかしいものだ。

たとえば合コンのとき、初対面の女性にいきなりほめ言葉を投げかけても警戒されるのがオチ。「すごくきれいだね」などと言おうものなら、下心が見え見えで、「あ、そう。ありがとう」と軽くかわされた挙げ句、以後は避けられてしまうことにもなりかねない。それでも、果敢に突撃していくと、「下心見え見え」という警戒レベルから、「あの人、ちょっとキモい」というドン引きレベルまで格下げされてしまうこともある。

「それはほめ方、下手すぎ」と笑うのは某大最強のナンパ師と噂されるUくん。彼によれば、女性の心を開かせるとっておきのほめ方があるという。

「誰でも使える簡単なものですよ。直接ほめるのではなくて、他人からそう言われていないか？　と疑問形にすればいいんです」

たとえば、目をつけた女性が何かをしてくれたタイミングを見計らって、こう言う。

「あなたって、みんなからやさしい人だと言われませんか？」

あくまでも、**自分の主観で言っているのではなく、まわりの人がそう評価しているのではないか？　という客観的立場を装う**のがポイントだ。すると、相手は必ず「どうして？」と問い返してくる。女性は、他人にどう見られているかを非常に気にするからだ。そこで、理由を加える。

「だって、いま飲み物を渡してくれたとき、グラスの底についた水滴をおしぼりでふいてくれたでしょ。そんな細やかな気配りができる人を初めて見たから」

理由なんてどうでもいいのである。あなたが素晴らしい人であることをボクは気づいていますよ、ということを客観的視線を装いつつ、アピールすることが重要なのだ。

「ね、ボクが言っているんじゃなくて、人からそういう評価を受けていませんか？　と聞くことによって、押しつけがましさが消えると同時に、こちらの好意を示すこともできるんですよ。たったこれだけのことで、相手はこちらを意識するようになりますから、あとは彼女の興味のありそうな話題で盛り上がれば、急速に接近できますよ」

お持ち帰り打率、驚異の7割8分5厘を叩き出すUくんは、ニヤリと笑った。

一見、無謀な要求もこの手順なら抵抗を抑えられる

「ねえ、今度一緒に旅行に行こうよ」

気になるあの子に突然そんな誘いをかけたら、「だって、私たち、そんな仲じゃないでしょ」と断られるのがオチだ。でも、実はこれが作戦だったら……？

「そうか、残念。じゃあ、せめてお茶でも飲みに行こうよ」

お茶くらいならいっか。断ってばかりも悪いし。

そして、二人は喫茶店でまったりとお茶を。

「ねえ、お腹すかない？　よかったら、ご飯つきあってよ」

う〜ん、そういえば、ちょっとすいたかな。まあ、ついでだからご飯ぐらいいいか。

ということで、二人は喫茶店からレストランへ。ご飯と一緒にオーダーしたビールの力もあり、だんだん打ち解けてきて、会話もはずんできた。

「せっかくだから、もう少し飲まない？　いい店知っているんだ」

彼女は、ちょっと考える。楽しい時間を過ごせそうだし、飲みに行くのもありかな。

二人は、とあるバーへ。そこでひとしきり話をしていると、Mちゃんが大のカラオケファンであることがわかった。

「じゃあ、朝までカラオケだあー」

「うん、行こ行こ」

これは、本書で何度か紹介した〝一度拒否させて譲歩を引き出す〟心理テクニックを使った誘いである。まず「旅行に行こう」というムリなお願いをして、断ってきた相手に「お茶でも」と簡単な要求を呑ませる。次に、お茶から食事、お酒、そしてカラオケへと、誘いをステップアップしていくのである。**人は、たとえ小さな要求でも一度受け入れてしまうと、それより少し大きな要求を断りづらくなってしまう**ものなのだ。

というわけで、二人はカラオケに繰り出し、代わるがわる熱唱した。酔いもかなり回っている。ここは最後の勝負。

「もう眠いし、よかったらうちに来ない？」

あら、誘われちゃった。どうしよう。半日遊んで楽しかったし、まあいいかなあ。

彼女は、こくりとうなずいたのだった。

限定言葉で相手の心を前のめりにさせる

「お見合いパーティで知り合った女性を誘っているんですけど、もう何人も断られてしまって……」

落胆した様子で、Ｉさんはこぼす。ルックス的には悪くない。職業もシステムエンジニアで安定している。女性恐怖症でもないし、極端なあがり性というわけでもない。

「どうやって誘ったの？」と結婚相談所の女性アドバイザーのＭさんが聞いた。

「普通にですよ。『よかったら今度、ごはんでも食べに行きませんか？』って」

「それじゃあダメね。『よかったら』なんて言ってたら、永遠にいいときなんてこないわよ。それから、『ごはんでも』というのが、さらにダメ。**～でもという言い方は、別に何でもいいのねというあいまいさを感じさせてしまう**のよ」

「でも、もダメですか」

「それだけじゃないわよ。『行きませんか？』っていう疑問系の誘い方も注意ね。相手の意思を尊重して丁寧に聞いているようでも、どうしてもあなたと食事がしたいという強い意志のようなものが出てこないの。要するに、心に響かないのね」

「そうなのかあ」とため息をつくIさん。

「男なら、玉砕覚悟の気概を持ちなさい。『一度、一緒にご飯を食べに行きましょう』ぐらいでちょうどいいのよ。〝今度〟じゃなくて〝一度〟、〝ご飯でも〟じゃなくて〝ご飯を〟と**限定してしまうと、人はなかなか断りづらくなる**ものなの。そして、〝一緒に〟というところを強調してね。あなたと二人で食事がしたい、という気持ちを前面に出すの。これは、言ってみれば、あなたに対して好意を持っていますと言うのと同じことね」

「限定して誘うんですか。たしかに、そのほうが強い意志が感じられますね」

「そうでしょう？　『ご飯はちょっと』と断られたら、『じゃあ、飲みに行こう』と路線変更。それでも、いい返事が返って来ないなら、脈はないわ。その人はきれいさっぱりあきらめて、ほかを探しなさい」

「いやあ、Mさんと話していると、なんだか勇気が出てきますよ。どうですか、今度ご飯でも食べに行きませんか？」

「イヤよ」

ダメ男につかまらないための男の本性の見抜き方

ダメ男を渡り歩く不運な女性が増えているという。

「一流企業のエリートサラリーマンだと思ってつき合ったのに、仕事がつらいからといってすぐに辞めてしまってプータロー。いまは、私にたかって生きてます」

「私の元彼は、ミュージシャン志望。オレは就職して企業の犬になる人間じゃないんだとか言っちゃって、まったく働かないの」

やれやれ。彼も悪いが、この女性たちの男を見る目にも問題がありそう。どうして、そんなダメ男をつかんでしまうのだろうか。

結婚相談所のベテラン相談員は、こう話す。

「気分とかフィーリングとかルックスでくっついてしまうから、そういうことになるんです。いいパートナーを選びたかったら、それなりに見るところは見ないといけません」

では、どういうところを見ればいいんでしょうか？

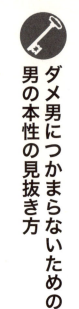

「現在の収入や社会的地位よりも、まずは人間性ですね。ぐうたらだったり、暴力的だったりでは、いくら偉い人でも幸せになれませんからね」

そして、人間性を見きわめるには、あるテクニックがあるという。それは、まったく関係ない人に対して、どういう態度をとるかを見ることである。

たとえば、レストランでウエイターが水をこぼし、その人の服にちょっと水がかかってしまった。こんなとき、どういう行動をとるか、しっかりチェックするのである。あるいは、街を歩いているときに、すれ違う人と軽く肩がぶつかった。こんなときは?

心理学的観点から言うと、**狭量な人間や自意識過剰な人間は、ちょっとの刺激に対して激しく反応しやすい**。許容量が小さく、相手に対する思いやりが足りないのである。

「いいなあと思う人がいたら、よく観察してみてください。観察の対象は、あなたに対してどういうことをしてくれたかではなくて、他人に対してどういう態度をとっているか、ですよ。その態度は、そのうちあなたに対する態度になるんです」

ただし、あなたが男の本性を見抜こうと観察しているように、あなたも男から本性を観察されているかもしれないということもお忘れなく。

友達関係から一歩恋愛に近づける「自己開示」の法則

好きなのに、なかなか言い出せなくて、仲の良い友達みたいになってしまった。それまでは異性として意識していなかったのに、ちょっとしたことがきっかけで友達を好きになってしまった。

よくあるシチュエーションだ。友達や同僚として長く顔をつきあわせているほど、自分の気持ちを伝えることができない。友達関係まで壊してしまいそうだからである。

そんなときは、ちょっとした心理テクニックを使ってみよう。相手に**「自己開示」**するのである。

自己開示とは、文字通り**自分のプライバシーを打ち明ける**こと。打ち明ける内容は、たとえば、会社でこんなことに悩んでいる。家族の関係がうまくいかない。ホントはこんなふうに思っているのに、みんなは理解してくれないといったことでいい。

ただし、それは本当の自分のプライベートであること。ウソの話はどこかで矛盾が生じるし、バレたときに好意も信頼も失うという最悪の結果を招きかねない。トラウマになっている苦しい悩みまで吐露《とろ》する必要はないが、偽ることだけはやめたほうがいい。

誰にも言っていない悩みを自己開示するということは、それだけ相手を信用しているということ。打ち明けられたほうは、自分が特別な存在であることを感じとり、気分をよくする。

そして、もう一つ重要なのは、**自己開示は「相互開示」に進みやすい**ということである。相互開示とは、**自己開示された相手も、自分のプライベートの秘密を明かす**ということ。

「そんなことに悩んでいたのか。じつは僕もね……」という展開になりやすいのである。

そうなると、二人は互いの秘密を共有した存在。同じ秘密を共有する共犯関係である。いうまでもなく心理的距離は近づき、親密度は高くなっていく。

友達関係から一歩踏み出したいなら、

「ねえ、ちょっと相談があるんだけど、時間つくってくれない」

と、もちかけてみよう。

相手が知らないあなたの一面を見せることが、二人の関係を進ませるのだ。

意中の彼をゲットするための「早い者勝ち」の法則

「あたしねえ、隣のクラスのNくんのことが好きなの」

親友にそう打ち明けたR子ちゃん。

「いいじゃん、さわやか系だし。がんばりなよ。応援するから」

親友もそう言ってくれた。

それからR子ちゃんは、彼にそこはかとなくアピール。行き帰りに見かけたときは、勇気を出して話しかけたり、彼が短い髪の子を好きだと聞けば、思い切ってばっさりと髪の毛を切ってショートヘアにした。

そのおかげか、最近は彼もちょっと意識してくれているみたい。でも、まだ告白するまでの踏ん切りがつかない。どうしようかなあ。

そんなとき、親友が仰天の告白をしてきた。

「わたしNくんとつきあうことになったの。わたしも好きだったの。ホントにごめん」

R子ちゃんは大きなショックを受けた。親友だと思っていたのに……。それにN君も、わたしのこと気になっている素振りだったじゃない。もう、信じられない。ヤダーッ。

R子ちゃんにとってはたいへん不幸な事態だが、彼女にも責任がないとはいえない。早く告白しなかったことである。

人は「好意に対しては好意で対応したい」と思う心理的傾向をもっている。STEP1で紹介したように、これを**「好意の返報性」**という。つまり、**誰かに「好き」と告白されたら、その人のことを好きになりやすい**ということである。

親友のだまし討ちみたいな行為はいただけないが、R子ちゃんがグズグズと告白をためらっているうちに、親友はいち早く彼に告白した。その告白に対して、彼の心が動いてしまったというわけだ。

ここからわかることは、恋愛においては一番乗りが絶対有利ということである。グズグズためらっていては、誰かに先を越されてしまいかねない。

どうしても彼をゲットしたいなら、一刻も早く自分の「好き」という気持ちを告白したほうがいい。早い者勝ちですよ。

心理テスト
4

動物と旅に出るとしたら

あなたは、「ライオン」「ウシ」「ヒツジ」「サル」「ウマ」と旅に出ることにしました。途中、お金がなくなり、一頭ずつ売りに出さなければいけなくなりました。どの順番に売りに出しますか？

【解説】あなたが大切に思っているものを知る心理テストです。それぞれの動物は、あなたの周りにあるものを象徴しています。最後に残ったものが、あなたが一番大切にしているものです。


「ライオン」……百獣の王ライオンは、あなたを守ってくれる親の象徴です。

「ウシ」……牛乳を提供してくれるウシは、食べ物を象徴しています。

「ヒツジ」……モコモコして温かいヒツジは、恋人やパートナーの象徴です。

「サル」……かわいらしいサルは、子供の象徴です。

「ウマ」……人や荷物を運んでくれるウマは、生活の手段である仕事を象徴しています。

STEP 5

モテ男が駆使する誘惑のマインドコントロール

侮辱的な言葉でお客の心をつかむホストの手口

「その化粧ひどくない？」

カリスマホストとして新宿歌舞伎町にその名をとどろかすS君は、お客の女性に平然と言ってのけた。某総合病院の院長夫人であるミドリさんの顔は一瞬にして青ざめ、そしてワナワナと唇が震えだした。

たしかに、今日のメイクはいつもより派手だ。きつめのアイシャドーと真っ赤な口紅は、最近あまりお相手してくれないS君に、雰囲気を変えてアピールするためだ。S君ならきっとほめてくれるに違いない。そう思って、がんばったのに……。

お客にこんな侮辱的な言葉を投げかけるホストが、なぜカリスマとして人気を博しているのか、不思議に思う方もいるかもしれない。だが、彼は、むしろこうした侮辱的な言葉を使うことによって、人気ホストとしての地位を築いてきたのだ。**侮辱的な言葉を使うのは、次に口にする言葉をもっとも効果的に引き立たせるため**である。

「だって、あなたはボクにとってただのお客さんじゃなくて、特別な存在なんだもん。今度、一緒に美容室に行こうよ。あなたらしいヘアスタイルとメイクをボクにプロデュースさせて。そしたら、もっとすてきになるよ」

背を向けて、怒りと屈辱に体を震わせているミドリさんを背後からそっと抱きしめ、彼はそうささやいた。このセリフを言うために、S君はあえて最初に侮辱的な言葉を投げかけ、相手をわざと怒らせたのである。

最初に相手を侮辱しておいて、その後でやさしい言葉を投げかけて「特別な存在」であることを強調すれば、お客は一度怒りに感情が振れたぶん、大きな感動を与えることができるのだ。

案外、こういう侮辱とやさしさにやられている女性は多い。**硬軟の落差にやられてしまうのである。**

さて、ミドリさんだが、先ほどまでの怒りはどこかに消え失せ、ギュッとS君に抱きついた。やっぱりS君は、私のことを思ってくれているのね――その思いを新たにしたミドリさんが今夜、一本ン十万円もする高級シャンパンを何本も空けるであろうことは、想像に難くない。

マンネリの関係に、ときめきを取り戻す心理作戦

「彼とは最近マンネリ気味。私のことどうでもいいって思っているみたい。出会った頃のように、ラブラブの関係に戻りたいな」

「彼は絶対あたしに気があると思うんだけど、どうしても好きだと言ってくれないの。もう、意気地なし」

こんな思いを抱えている女性も、少なからずいることだろう。それでは、二人の愛を取り戻したり、越えられない一線を越えたりするためのとっておきのテクニックを、恋愛カウンセラーの先生に教えてもらおう。

「それは、ドキドキを演出することである」

ドキドキ——よく言われる**「ジェットコースター・マジック」**のことだろうか？

「もっとスマートに、さりげなく、いつでもどこでも使える方法でいきましょう。実は、心がドキドキする根本は不安なんです。人は不安を感じたとき、その不安を取り除いてく

れた人に好意を持つものなんです。ですから、不安を上手に使ってドキドキを演出したうえで、それを取り除いてあげれば、彼のあなたへの思いはグググッと高まるはず」

先生の作戦はこうだ。

まずは、何かを断ることから始める。デートの約束をドタキャンするとか、メールの返信をしないとか、電話に出ないとか……状況によっていろいろやり方はあるが、とにかく丸一日、相手を一人にさせてコンタクトを絶つのである。

その間は、電話がかかってきても出てはいけない。相手には、断られた状況でひと晩明かしてもらおう。おそらく寝ながら、いろいろ考えることだろう。どうしたんだろう、何かあったのか。怒らせるようなこと言っちゃったかな。もうオレのこと嫌いになったんだろうか。考えれば考えるほど不安は募り、イメージは悪い方向へと流れていく。

「そして翌日、いつものように元気な笑顔で姿を見せて、彼に思いっきり甘えてみてください。彼は抱えていた不安がいっぺんに溶けて、安堵感に満たされ、同時にあなたに対していままで以上に熱い気持ちを抱くことでしょう」と先生。

2、3日で彼のもとに舞い戻って、ゴロにゃーんと甘えてみせる。彼は、驚くほど優しくなっているはず。これぞ「不安の後にあま～いご褒美作戦」。

あいまいな言葉を駆使して相手を積極的にさせる

最近は、自己主張をきちんとする女性が増えてきた。だが、こと恋愛に限れば、はっきりした女性よりも、あいまいな女性のほうがモテるようだ。

もし、男性に好みのタイプを聞かれたら、あなたはどう答えるだろうか？

「そうねえ、タイプは木村拓哉。あのルックスとちょっと不良っぽい感じがたまらないの」

もし、こんなふうに答えているとしたら、もうそれだけで男性は引いてしまう。とくに、木村拓哉とは似ても似つかない外見の男性は、「これじゃあ、オレの出る幕はないな」と思い、あなたに誘いの言葉をかけることはないだろう。

しかし、こう答えたらどうだろうか？

「そうねえ、タイプはとくにないけど、一緒にいて楽しい人」

これなら、オレでもチャンスはありそう、と多くの男性は思うことだろう。そして、そのチャンスをものにしようと、あなたへ積極的なアプローチを開始するかも。

このように、物事をはっきりと述べるとイメージが限定されてしまい、そのイメージに合わないと判断されると、そこで思考は停止してしまう。ところが、**あいまいな言葉なら、イメージはいかようにも広がり、期待感は膨らんでいく**のである。

では、もう一つ質問してみよう。約束したデートを断らなければならなくなった。どう言うのがいいだろうか？

「ごめんなさい。急に仕事が入っちゃって、埼玉のクライアントのところに行って、今度の展示会の打ち合わせをしなくちゃならないの。急に行けなくなってごめんね」

もうおわかりだと思うが、これは具体的すぎる。もっとあいまいに、もっと漠然と……。

「急に都合悪くなっちゃったの。ごめんね」

これくらい漠然としていていいのである。理由がはっきりわからないからこそ、相手は不安を覚え、気にかかる。気にかかるから、あなたへの思いが募っていくのは前項でお話ししたとおりだ。あいまいさや漠然さは、女性が恋愛で使えるテクニックである。

仕事でははっきりと自己主張しても、恋愛ではあいまいさで男性を翻弄する女を目指してみては？

拒絶の法則で相手の心をグッと引き寄せる

カリスマホストS君のオンナをとりこにするテクニックをもう一つご紹介しよう。それは、**「拒絶の法則」**だ。

まず、お客さんのマダムと店外デートの約束をとりつける。彼が明日はヒマだとつぶやくと、お客のマダムはすぐに食いついてきた。

「それなら、私とデートしましょうよ。好きなもの買ってあげるわ」

「いいよ。午後1時から4時までなら空いているよ」

「じゃあ、明日の1時に日本橋で待ち合わせね」

「OK」

そして翌日。午後1時を過ぎたが、S君は出かけようとしない。待ち合わせの場所に行く気などさらさらないのだ。彼は待っている。マダムからの電話を。電話は確実にかかってくる。

「どうしたの、Sちゃん。もうとっくに時間過ぎてるわよ」

「ごめん、ごめん。野暮用《やぼよう》があってさ。これから行くよ、いまどこ？」

こうして、S君はようやく腰を上げた。

これのどこが心理操作かおわかりだろうか？

女性客とデートの約束をする――この時点で、相手は大きな期待に胸を膨らませている。彼がデートしてくれる。きっと私のことを特別だと思ってくれているからだわ。そんな思いが、お客を舞い上がらせる。

ところが、S君は約束の時間に現れない。お客はどうしたのかと気をもむことだろう。ここにカリスマホストとしてのテクニックがある。

つまり、**相手に抱かせた期待を一度裏切る**ことが重要なのだ。ここで相手は混乱し、不安を募らせることになる。そして、電話をかけてきて「どういうことか」と問いつめる。そこで**再び相手を受け入れる**のである。

一度裏切られたお客は、自分の願いがかなうことを知り、不安が喜びへと変わる。その喜びは、予定どおりデートするよりも何倍も大きなものになるだろう。そして、さらにS君への思いを募らせ、お店に足繁く通うことになるというわけだ。

相手の気持ちを高める、賢い電話の使い方

舞台を中心に活躍する女優のAさんは、これまで数々の色恋沙汰をメディアに提供してきた。もっとも、彼女の場合は恋が発覚しても逃げも隠れもしないから、メディアとしてはあまり面白くない。かつて、妻子ある男性との不倫が報じられたときも、「好きになった男に妻がいただけ」とのたまい、世間の顰蹙《ひんしゅく》を買ったが、ほんの一時《いっとき》で忘れ去られた。

そんな恋多き女優が、かつて週刊誌に男を落とす秘訣を語ったことがある。それは、電話に出ないことだ。気になっている男から電話があっても、簡単には出ない。たったそれだけのことで、80%の確率で男を振り向かせることができると彼女は豪語していた。

心理学的に言っても、このテクニックはかなりいい線をいっている。かのシェークスピアは、こんなことを言っている。

〝会いたいと思うのに会えないときほど、せつなく思うことはない。話したいと思うのに話せないときほど、いとしく思うことはない〟

さすが、シェークスピア。人間心理の機微をうまくとらえている。

気になる男に「電話をちょうだい」とモーションをかける。しかし、相手から電話がかかってきても、おいそれとは出ない。あるいは、相手からなかなか電話がかかってこないなら、相手が仕事中で絶対に電話に出られないようなときや深夜に、こちらから電話をかけてワン切りするのもいいかもしれない。

とにかく、**電話があってもお互いにコンタクトできない状況**をつくり出す。すると、相手はどうしたのだろうと気になる。また、電話をかけてくるが出ない。ますます気になってくる。この心理状態は、シェークスピアが言う「話したいのに話せないときほど、いとおしい」という状況と同じである。**もどかしさが後を引いて、せつない気持ちになる**のだ。

ここまでいけば、男の気持ちはもう十分に傾いている。あとは、コンタクトできなかった分を取り戻すように甘い時間をつくればいい。ただし、あまり電話に出なさすぎるのも考えもの。せつない思いを通り越して、「オレを避けてんのか、もういい！」と思われたら元も子もない。

男のウソと女のウソの見破り方はこんなにも違う

近頃では、バツ1やバツ2は珍しいことではなくなり、結婚の概念もずいぶん変化してきた。だが、離婚は結婚よりもエネルギーを浪費すると言われるように、別れる際にドロドロの争いになりやすいのは昔も今も変わらない。

そんな泥沼劇を数多く見てきた弁護士のS氏は、自然と人のウソを見破れるようになってきたという。離婚問題を扱う際には、自分が有利な立場になろうとして、あるいは相手を貶《おとし》めようとして虚偽を申し立てるケースが少なくないのである。S弁護士の経験から言うと、ウソをつくとき、男と女ではまったく態度が異なるという。

「男と女の性分の違いと言うのでしょうか、あるいは、ものの考え方の違いとでも言うんでしょうか、如実に相違が出るんですね」

もっとも違いが表れるのが視線だ。**男はウソをつくとき、相手と目を合わさないように視線をはずすが、女の場合は相手の目をじっと見て視線をそらさなくなる**という。男は目を合わせるとウソが見破られるような気になり、女は視線をはずすと不審に思われると考えるのだ。

また、ウソをつくとき、男は多弁になる。

「いや、残業が長引いちゃって。その後、課長から飲みに誘われて断れなくてさあ。そのときに、課長ったら……」

聞かれもしないのに、細部までリアルに語ろうとする。頭の回転が速い人ほど、この傾向が強いようだ。

それに対して、女は言葉数が少なくなる。じっと相手の目を見て、ひたすら黙る。会話の数を減らすことで、ボロを出さないようにしているのである。そして、

「なんで、そんなこと聞くの？」

と詰め寄ってくる。

どちらのほうが上手《うわて》かは言うまでもないであろう。

S弁護士は言う。

「まあ、世の中、真実を知らないほうが幸せということもありますからね。ウソにだまされているうちが、花かもしれないですよ」

美人探偵が教える夫の浮気を見抜く方法

興信所に勤めるY子さんは、凄腕の美人探偵だ。そのかわいらしい容姿からは想像もつかないが、浮気調査のプロ中のプロである。尾行や隠し撮りもお手のもの。ときには、クラブのホステスやキャバクラのキャバ嬢に扮しての潜入調査もいとわない強者である。

こんな逸話もある。

以前、夫の浮気調査を依頼され、調査スタッフの一人として身分を偽ってターゲットの夫に接触。夫の行動パターンを知り、浮気相手を絞り込むためだが、なんと夫はY子さんを一目見て気に入り、さかんにモーションをかけてきたという。

調査が終了するまでは、接触を保つため、冷たくあしらうわけにもいかず、毎晩のように電話を受け、何回かに一度は食事の誘いにも応じた。結局、巧妙に立ち回っていた夫もしっぽをつかまれ、クライアントである妻に離婚訴訟を起こされてたっぷりと慰謝料を搾り取られることになった。

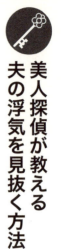

そんなY子さんに、最近の浮気調査の実態について教えてもらった。

「浮気調査の依頼は増えるばかりです。奥さんを調べてくれという依頼も多くなってきました。女性が強くなりましたし、出会い系アプリなど出会いの場もたくさんできましたからね」

しかも、**浮気は絶対に男のほうがバレやすい**という。なぜなら、男の反応は単純だからだそうである。

「前日に帰りが遅くて怪しいなと思ったら、『昨日、何かいいことあった?』と聞いてみてください。何もやましいところがなければ、『いや、べつに。おまえは何かいいことあったの?』と答えてくるはずです。でも、浮気がバレるんじゃないかとビクビクしている夫は、『え、何で?』と聞き返してくることが多いのです」

「昨日、何かいいことあった?」という問いが、「あなた、怪しいわよ」と言われているように聞こえてしまうのである。そのため、YESやNOという返事ではなく、「何で?」という疑心暗鬼の返答になってしまうのだ。

世の男性諸君、女性はすべからく優秀な探偵の素質を持っている。行動には十分ご注意あれ。

女にモテたいなら「尽くす」のではなく「尽くさせろ」

若手俳優のHは、いまもっとも注目を集めている期待の星の一人である。学園ドラマの準主役で脚光を浴びて人気に火がついた。その後、純愛を措いた映画の大ヒットで若手スターの仲間入りをし、出演するテレビドラマでは常に高視聴率を叩き出すドル箱になった。

当然のことながら、若い女性たちにキャーキャーと騒がれる一方で、彼は共演する女優と浮き名を流すことでも有名である。イケメン人気俳優だけにモテるのは当然だが、これほど共演者と仲良くなるには何か秘密があるに違いない。Hくんに女性の心をつかむ秘訣を聞いてみた。

「もし、あなたがある女の子と仲良くなりたいと思ったら、どうしますか？」

う〜ん、そうですね。とにかく、相手の気を引くようなことをします。何かをしてあげたり、困っていることがあれば助けてあげたり。

「あ、やっぱり。たいていの人はそう答えるんですよ。でも、逆なんだなあ、これが」

逆ですか？

「そう、女性を振り向かせるには尽くすことだと思っている男性が多いけど、じつは逆で、尽くさせることが重要なんですよ」

ムムム、どういうこと？

「何かを頼んで、こちらのためにやってもらうんです。たとえば、ご飯頼んでおいてとか、相手がいいものを持っていたら、『それ、オレにも買っておいてよ』と頼んだりとか」

それで、相手が振り向いてくれるの？

「人は、嫌いな人にものを頼んだりしないじゃないですか。だから、オレがものを頼むってことは、こっちが相手に好意を持っているということを伝えることにもなるわけ。好意を持たれていることがわかればイヤな気はしないでしょ。まあ、イヤなら頼み事をしても断られちゃいますけど」

そうやって**何度か頼み事に応じていると、しだいに自分が相手のことを気に入っていると錯覚してくる**とH君はいう。さすが、ツワモノである。

女性は印象のギャップで男に幻想を抱く

「どうして、こんなヤツがモテるんだ」と思ったことはないだろうか？

D君も、周りからそう思われている一人だ。彼は女性を女性とも思わない傍若無人な態度をとる。合コンでも、女性に対して「おめえはよお」などと乱暴な口の利き方をし、「バカじゃねえ」と相手を蔑《さげす》むような言葉まで口にする。女性の中には、あからさまにD君に対して嫌悪感を示す者もいる。

ところがである。罵倒された女性が、Dくんのものになってしまうのである。なぜ？

どうして、こんなセクハラ男がモテるんだ？

「おまえ、女の子たちに気に入られようと、いい子ちゃん演じてるだろ。オレに言わせりゃ、イメージ戦略がなってないのよ」とDくんは言う。

彼によれば、傍若無人なふるまいは、計算し尽くされたうえでの演技だというのだ。

「まずオレのイメージを悪く落としたんだ。女は不良っぽい男にホレるって言うだろ」

「そのために……あんな罵倒を……」

「だが、不良っぽいだけじゃダメだ。そのあとで、ワルのイメージを覆すようなやさしさを見せる。このイメージのギャップに、女はダマされるんだ」

合コンの翌日、Dくんは彼女にちょっとしたプレゼントを贈って、「昨日はありがとう。とても楽しかった。オレは口が悪いから、気を悪くしてないかい」ってメッセージを添えた。すぐに彼女から電話がかかってきてデートの約束をとりつけた。二人きりのデートのときは、前回とは打って変わってやさしく接する。最初にワルの一面を見せておいてから、やさしく接すると、女性はそのやさしさを何倍も強く感じる。そして、「この人はワルっぽく見せているけど、本当は心のやさしい人なんだ」と思い込むのである。

「な、簡単なことだろ。やさしさを際立たせるために、はじめにワルのふりをするんだ。イメージギャップを感じさせるんだ。おまえみたいなヤツは、逆をやっているんだよ。はじめにいい人だと思われようと紳士ぶった態度をとって、あとでイヤな面を見せてしまう。それは最悪のパターンなんだよ」

はじめにマイナスイメージを植えつけておいてから、プラスイメージをちらりと見せる。

このイメージ戦略はさまざまな場面で使える。

素っ気ない電話で女心を惹きつけるトークテク

新宿のカリスマホストと呼ばれるS君は、後輩に相談を持ち掛けられた。なかなか客が来てくれないという。ひと通り状況を説明すると、Sくんはひと言こう言った。

「おまえ、客の誘いがなってねえんだよ」

「でも、翌日に電話をかけてフォローしてるんすよ」

「フォローの仕方が違うんだよ。いまからオレの客に電話するから、よく聞いとけ」

Sくんはスマホを取り出すと、手早く画面をタップした。

「ああ、アカネちゃん。昨日はありがとうね。うん、お礼だけ言いたくてね。じゃあな」

そう言って、すぐに電話を切った。

「え、これだけですか？　来てねとか誘いはかけないんですか？」

Sくんはそれには答えず、もう一本電話をかけている。

「おお、ミサキ。元気？　いや、ちょっと声が聞きたくなってさ。別に用事ってほどじゃねえよ。元気な声が聞けりゃあ、それでいいんだ。それじゃ」

また、二言三言だけ言葉を交わして電話を切った。

「これって、誘いの電話じゃないっすよね」

「バカだなあ、おまえは。ホストがお願いしてどうすんだよ。なんでお客が足しげくホストクラブに通うか、わかってんのか？」

「どうしてって、オレたちに持ち上げられて、楽しむためじゃないんすか？」

「だから、おまえはいつまでたっても客がつかねえんだよ。いいか、ホストクラブのお客はなあ、ホストに尽くされるために来てんじゃねえんだ。尽くすために来てんだよ。目当てのホストの歓心を買おうと思って、高い銭を払うんだ」

これは一般の恋愛にも使えるかもしれない。恋愛は押すばかりが能じゃない。**「どうしてる？」という電話だけでも、こちらが気にしていることは伝わる。**そこで、クドクド話さないことで、相手の想像を刺激する。

「なんで電話してきたんだろう？　ホントは誘いたいのかな？　え、どうしよう、気になるなあ」

そこまでいけば、あとはチラリとやさしさを見せるだけで落ちてくれるはずだ。

モテ男は別れ話を雨の日の夜に切り出す

映画ではないが、別れの場面には雨の夜がよく似合う。でも、どうして別れと雨の夜は似合うのだろうか？

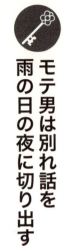

「オレも、女と別れ話をするのは雨の日の夜が多いね」

と言うのは、カリスマ美容師のひとりで、数々の女性と浮き名を流してきたA氏だ。彼がつきあったとウワサされる女性の中には、若手人気女優やアイドル歌手まで含まれる。自他ともに認めるプレイボーイである。

「雨の日って、なんとなく気が重いだろう？　それも、夜になればいっそう憂鬱《ゆううつ》な雰囲気になってくる。雨の日は、行動する意欲が減退するんだ。だから、雨の日に頼み事はするもんじゃない。そんなときは、やる気も起きないからな」

では、別れ話はどうして雨の日に？

「そんな憂鬱でアンニュイな雰囲気を利用するんだ。とくに、女は雰囲気に呑まれやすいからな。しとしとと降る雨、暗い夜とくれば、すでにどことなく気分が沈んでいる。そんなしんみりとした雰囲気が、別れ話への抵抗感を和らげるんだ」

ホントですか？

「雨がしとしと降る夜に、恋人から別れを告げられ、一人取り残される私。まるで演歌みたいじゃないか。悲劇のヒロインみたいだろう。現実感がなくなっちゃうんだよ」

雨の夜に切り出した別れ話は、成功してきましたか？

「うん、もちろん泣かれたりすることはあるよ。でも、大きなトラブルになったことはないな。空が晴れ渡ったものすごくいい気分の昼間に別れ話を持ちかけて、逆ギレされて包丁持って追いかけ回されたことはあるけどね」

たしかに、**人はムードに気分を左右されやすい**。女性を口説き落とすために、夜景のきれいなレストランを予約したり、港の見える公園にデートに誘うなど、いいムードを作るために場所や時間に気を使う人は多いが、天候まで考慮に入れている人は少ないのではないだろうか。

最後の思い出をプレゼントするために、別れ話は夜の波止場のそば降る雨の中でというのはいかがだろうか？

女性を振り向かせるのに最適なのは何月？

女性が「彼氏がいなきゃ絶対にイヤ！」なのは何月だかご存じだろうか？

某女性誌のアンケートによると、人恋しい季節は冬、それも圧倒的に12月。この頃になると、女性は「彼氏ほしい」と強く思うらしい。

その理由は、もうおわかりだろう。そう、恋する二人のビッグイベント・クリスマスの存在である。いまだに「恋より仕事」信仰が根強く残っている男性は、年末業務の忙しさなか、それほどクリスマスにこだわりをもつ者は少ないが、イベント大好き、サプライズ大好物、イチャイチャ大歓迎の女性にとって、クリスマスは特別の夜なのである。

折しも街はキラキラとしたイルミネーションにあふれ、はなやかなジングルベルが楽しげな雰囲気をいろどっている。一方、季節は冬、一人でいるには寒風が身にこたえる。

こんなとき、彼氏の腕にしがみついていられたら暖かいにちがいない。バブル時代のように高級ホテルに一泊とはいわないまでも、ちょっと洒落《しゃれ》たレストランで食事をして、ボーナスで潤った彼から奮発したプレゼントをもらい、彼の部屋で熱いホーリーナイトを過ごしたいという女性の思いは理解できる。

さて、男性諸氏、何が言いたいか、もう察しはついているだろう。そう、彼女をゲットするなら、12月は絶好の狙い目なのである。この時期こそ、神が迷える子羊たちにくださった聖なるプレゼント。みすみす逃す手はない。

周りに独り身の女の子がいたら大チャンス。ちょっと無理かなあと思っても、勇気を出して誘いをかけてみよう。この時期だからこそ、クリスマス・マジックで受け入れてもらえる確率は高くなっているはずだ。

だが、女性も案外したたかだったりする。最近は、「リリーフ彼氏」というのが存在するらしいのだ。

12月に入ってつきあいはじめ、クリスマスに向けて二人の雰囲気は高まっていく。クリスマスイブの夜、イタリアンでワインと食事を楽しみ、彼は気合を入れたプレゼントを手渡す。「さあ、今夜は燃え上がるぞ」と思ったのもつかの間、「ごめん、今日は家族と過ごさなきゃならないの」とサッと帰ってしまう彼女。以後、携帯は着信拒否され、連絡がつくことはなかった。こんなことにならないよう、ご用心。

二人の終わりのサインはこんなところに表れる

どんなに熱く燃え上がった恋も、終わるときはあっけなく終わる。二人の仲は永遠に続くと思っていても、この世にはじけないバブルがないように、愛のともしびが消えるときはやってくるのだ。

最悪なのは、自分はまだ赤々と燃え上がっているのに、相手のほうの火が消えかかっている場合。往々にして、それに気がつかず、ある日「さよなら」を言われて呆然としてしまう。

あまりに突然のことで立ち直れないほどがっくりくるが、実は「危ないサイン」はずいぶん前から出ているものだ。一人盛り上がっていた自分が、そのサインを見逃しているのである。

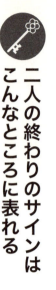

危ないサインは、どんなところに出るのだろうか？

たとえば、デートに誘って「いま忙しいんだよね」と言われたら要注意だ。あなたが大

切な存在なら、忙しくてもスケジュールをやりくりしてなんとか都合をつけようとするだろう。その日が無理でも代替案を出してくるはずだ。それもないのは、気持ちが落ちているということ。会えなくても寂しいと感じていないということである。

また、電話をかけたときに、すぐに用件を聞かれるようになるのも危ない。好きな相手なら、ずっとしゃべっていたいと思うはず。こんなそっけない態度はとらない。あなたへの関心が薄れている証拠だ。

二人が向かい合わせに座ったとき、二人の間に書類や雑誌、灰皿など、障害物を置くようなら、それは無意識のうちに障壁をつくっているのかもしれないことは前述した。要するに、心理的な距離をおきたいという欲求のあらわれである。

体の向きが、あなたのほうではなく、出口のほうに向いていたら、あなたと一緒にいるこの時間を早く終わらせたいというサインかもしれない。相手の組んだ足がどこを向いているか、よく観察してみてほしい。

このようなサインが出たら、気をつけたほうがいい。**あなたの気持ちは変わらなくても、相手の気持ちは落ちている**。何か初心を思い出すようなイベントを用意したり、じっくり話し合ってみるなど、なんらかの手を打ったほうがよさそうだ。

心理テスト
5

紙とペンを用意してチャレンジ

紙に木の絵を描いてみましょう。

【解説】ドイツの心理学者コッホが考案した「バウムテスト」です。あなたの内面や周りとの関係がわかります。

◆診断１：木の大きさは（紙に対して）どれくらいですか？
大きな木……自分に自信がある。自己中心的。
普通の大きさの木……周りとバランスがとれる。
小さい木……自分に自信がない。不満があり、安定を求めている。

◆診断２：木の位置は（紙に対して）どこですか？
真ん中……安定している。
右側……支配願望がある。
右上……計画的にものを考える。
右下……自己愛の強いナルシスト。
左側……内向的で現実逃避気味。
左上……芸術家肌。空想・妄想好き。
左下……過去にとらわれがちで将来に不安。
上側……空想的。あきっぽい。
下側……リアリスト。

STEP 6

相手の心をわしづかみにする心理誘導トリック

名前を呼びかけるだけで親密感を演出し印象アップ

水商売に入りたての新米ホステスが、いちばんはじめに教わるのは「お客さんの名前を覚える」こと。銀座の一流クラブの人気ホステスになると、数百人ものお客さんの名前を暗記しているという。顔を見ただけでパッと名前が出てくるようにならなければ、一人前のホステスとは言えないのである。

「あら、○○さん、お久しぶり。ずっと待ってたんですよ。来てくれて、うれしい!」

こんなふうに言われれば、誰だって悪い気はしない。「○○さん」と名前で呼びかけられると、大勢いるお客さんの一人という存在から、「私の大切なお客さん」という特別な存在として扱われているような気になるのだ。

そして、名前を呼んでくれた相手に親近感を覚え、お得意の客として何度も指名する。

だからこそ、売れっ子ホステスは、お客さんの名前を必死になって覚えるのである。

この名前呼びかけテクニック、さまざまな場面に応用がきく。もちろん、ビジネスの現場でも効果を発揮する。たとえば、某大学の研究によると、商談の席で、「この商品を検討していただけますか？」と言うよりも、「この商品をご検討いただけますか？　○○さん」と名前を呼びかけたほうが、ずっと成約率が高くなるという。**相手の注意を引くと同時に、話の内容を好意的に受け取ってもらいやすい**からだ。

また、上司や取引先に挨拶するときも、「おはようございます」だけではなく、「おはようございます。○○部長」というように名前を付け加えたほうが、より親密感を演出することができ、好印象を与えやすい。

さらに、狙った相手は必ず落とすと言われる「合コンの女王」も「名前呼びかけテク」で、高い成果をあげている。合コンの翌日、気に入った男性に昨晩のお礼のメールを送る。

「昨日は本当に楽しかった。どうもありがとう」

ここまでは、ありきたりな内容だが、その次にこんな一文を付け加えるのだ。

「また、楽しく飲みに行きたいですね、○○さん」

そう、最後に相手の名前を呼びかけるのである。たったこれだけのことで、たいていの男のハートをわしづかみできるというから、名前呼びかけテクニック恐るべしである。

相手を必ず自分のファンにしてしまう印象操作術

上手に話を引き出すインタビューの名手と呼ばれる人がいるが、その逆、つまり「インタビューされる名手」がいることはご存じだろうか。

メディアによく登場する某コンサルタントは、まさにインタビューされる名手と言っていいだろう。彼を取材した人間は、みんないい気分で仕事を終え、彼のファンになってしまう。なぜだろうか？

彼はコンサルタントという職業柄、論理的な思考の持ち主で、理路整然と話をする。しかし、それだけではインタビューされる名手とは言えない。理路整然とわかりやすく話をする人などいくらでもいるからだ。彼がインタビューされる名手と言われる理由は、人間心理の機微を実によくつかんでいることにある。

たとえば、取材者が質問をすると、「うん、それはいい質問だ」と取材者をたてる。別の視点を持ち出して話を広げようとすると、「いいところに気がつきましたね。それが、まさにこの話のポイントとなる部分です」と取材者をほめる。また、話の要所要所で、「先ほど○○さんが指摘してくれたように……」と、取材者の名前をあげて、この取材に大きな貢献をしているかのように持ち上げる。

取材する側も、それはヨイショやお世辞だと十分に承知している。しかし、**こういうことを言われて悪い気がするはずはない**。ついついインタビューにも熱が入り、取材は濃密なものになる。

その結果、取材者はコンサルタント氏に好印象を抱き、有意義なインタビューができたと満足感を得る。そういう状況を経て書いた記事が、好意的なものになるのは当然のことだろう。もし、相手が尊大な態度で、「そんなこともわからないのか」と言葉を荒らげるようなタイプだとしたら、記事は辛口なものになるかもしれない。

さて、コンサルタント氏には、もう一つ「取材者殺し」のテクニックがある。取材を終えると、取材者と固い握手を交わし、「今日はとても楽しかった。ありがとう」とダメを押すのである。取材者はもう大ファンになっている。ここまで徹底してやってこそ、インタビューされる名手と呼ばれるのだ。

お客のハートをしっかり射抜くYESの会話

銀座のとあるクラブで、ナンバーワン・ホステスの座を長年キープし続けているK子さん。容姿は整っているが、とびきりの美人というわけではないし、スタイル抜群というわけでもない。その店のホステスたちの中では、どちらかというと目立たない存在だ。なのに、断トツのナンバーワンの座に君臨している。

その理由は、彼女の会話にある。彼女は、どんな人とでもすぐに仲良くなってしまう特技を持っているのだ。その方法は、とくに目新しいものではない。**お客さんに矢継ぎ早に質問を投げかける**というものだ。たとえば、こんな具合。

「お客さん、お金っていくらあってもいいものですよね？」

「そりゃ、あるにこしたことはないな」

「たとえば、株で大儲けしてみたいですよね？」

「してみたいねえ」

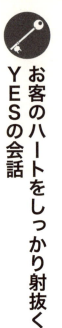

「何か発明して大当たりするっていうのもいいですよね？」

「そうなったら、うれしいね」

どこに仲良くなる秘訣があるかおわかりだろうか？

Ｋ子さんの質問は、すべて相手が「ＹＥＳ」で答えている。もちろんＫ子さんは、相手が「ＹＥＳ」で答えられるように質問を組み立てているのだ。これが、Ｋ子さんがすぐに誰とでも打ち解けられる秘訣である。

人は、質問に対して「ＹＥＳ」を言い続けると、相手に対して好意的な感情を抱きやすくなる。「ＹＥＳ」と言っていると、心が肯定的な感情に満たされ、相手に対しても肯定的な感情を持つのである。

この心理テクニックは、何か重要なことをお願いする前に使うと効果的だ。Ｋ子さんも、先のようにお客さんに「ＹＥＳ」と言わせる質問を続けておいて、こう切り出す。

「わたしもがんばって稼がなきゃ」

「そうだね」

「じゃあ、今度同伴してくださる？」

たいていのお客さんは、ここでも「ＹＥＳ」と言ってくれるそうだ。

プランナーが打ち合わせにいつもお菓子を持参する理由

広告プランナーのM氏は、別名「お菓子のおじさん」と呼ばれている。クライアントと打ち合わせするときは、必ずあちこちの有名パティスリーのケーキを持参し、みんなにふるまうからだ。女性にはとくに好評で、M氏が訪れる日は、「今日はどこのケーキを持ってきてくれるのか」と楽しみに待っている。

なぜ、毎回ケーキを持参するのか？

「広告の会議って、けっこうああでもない、こうでもないとグダグダになることが多いんですよ。でもね、あるとき、もらいもののケーキを持っていったことがあって、そのときは終始なごやかなムードで話し合いが進み、早く話がまとまったんですよ。それ以来、クライアントとの打ち合わせには必ず持っていくことにしています。まあ、験《げん》かつぎに近いかな。でも、持っていくと本当にスムーズに流れることが多いんですよ」

M氏は「験かつぎ」と言うが、心理学的に見ると、ものを食べながら話し合いをするのは、話をまとめるために非常に有効な手段だと言える。

食事を挟んで、さまざまな意見を紹介し、その印象を聞いてみるという実験が行われた。その結果、好意的に受け入れられた意見は、食事中に紹介されたものであった。

しかし、なぜ食事中に聞いた話は好印象なのだろうか。おいしい物を食べる、あるいは空腹のときに物を食べるのは、「快体験」である。**食事中に聞いた話は、食事の快体験と結びつき、とてもいいものに思えてくる。**これは**「連合の原理」**と呼ばれる現象である。

政治家が料亭で食事をしながら話し合いの席を持ったり、ビジネスマンがパワーランチやパワーブレックファストと称して、昼食や朝食をともにしながら会議を行うのは、この原理から考えると、きわめて妥当な行為ということになる。

さらに、この効果は、会議をスムーズに進行させるだけではない。快体験をもたらした物や人にも、好感を持つようになるのだ。ケーキ↓快体験↓M氏↓好印象というイメージを生み出し、またあの人と仕事をしたいという感情を芽生えさせても不思議ではない。会議が比較的うまくまとまることから、「あの人はできる。また、彼に依頼しよう」と考える人もいるかもしれないのだ。

選挙民をどんどん魅了する二つの話法

アメリカ初の黒人大統領となったバラク・オバマの最大の武器は、さわやかな弁舌だった。彼がしゃべりだすと人々は熱狂し、「Ｙｅｓ、Ｗｅ　Ｃａｎ」の大合唱が起こったものだ。

オバマに限らず、政治家にとっての演説は、野球選手にとってのグラウンド、サッカー選手にとってのピッチ、フィギュアスケート選手にとってのリンクのように、自らの力を最大限発揮しなければならない「舞台」である。いくら調整能力が高くても、どれだけ政策作成能力を持っていても、それを選挙民にアピールして認めてもらえなければ、議員バッジをつけて活動することはできないのだ。政治家は当選してこそ価値があり、落選してしまった政治家はただの人である。

しかし、聴衆を魅了する演説をするのは案外むずかしい。熱弁をふるえばふるうほど、聞き手はしらけてしまうこともある。

そこで、弁舌巧みな政治家は、聴衆によって二つの話法を使い分けている。

一つは**「クライマックス法」**と呼ばれるもので、話のヤマ場を最後に持ってくる方法である。徐々に話を盛り上げていき、最後の最後に話の核心を突く。すると、聴衆の熱はピークに達し、演説を終えた後、拍手喝采が鳴りやまない状態になりやすい。

ただし、これは相手が話を聞こうという姿勢でいるときでなければ効果は得られない。したがって、自分の講演会や支援者を集めた席で使われる手法だ。

もう一つは**「アンチクライマックス法」**である。

その名のとおり、クライマックス法の逆をいくもので、話の最初に強いインパクトを与える話題を持ってくる話法である。

これは、街頭演説のときなど、ちまたの選挙民に用いるのが効果的だ。街頭演説では、候補者の支持者ではない人間も多数おり、話を聞く気のある聴衆ばかりとは言いがたい。そういう聴衆を相手にするときは、はじめにガツンと強い話題を振って、相手の興味をこちらに引きつけるわけだ。

クライマックス法とアンチクライマックス法……政治家の演説にも、相手の心を動かす心理操作の手法が取り入れられているのだ。

演説上手の政治家は目線で聴衆を納得させる

演説上手な政治家を見ているとわかるが、聴衆を惹きつける演説は単に話がうまいだけではない。雰囲気づくりにたけているのである。

「この人は、われわれのことをよく考えてくれている頼もしい人だ」

「彼にまかせておけば、安心だ」

人々にそう思わせることができる政治家こそ、演説上手の政治家なのだ。いってみれば、演説会はトータルのパフォーマンスなのだ。

政治家は、そのような雰囲気をどうやって作り上げているのだろうか?

当選回数6回を数える、あるベテラン代議士は、演説をするときには目線の配り方に気をつけているという。

彼によれば、話す内容は同じでも、目線の配り方で聴衆が受ける印象はまったく違ったものになる。

たとえば、まず観客席の左奥の聴衆に視点を定めてワンセンテンスしゃべる。そこで言葉を止め、今度は右奥に視線をずらして、またワンセンテンス話す。そして、次に左手前に視線を据えて話し、また右手前に視線をずらして話をする。要するに、**聴衆を「Z状」に見渡しながら語りかける**わけだ。

このように、聴衆全体に次々に視線を向けることにより、「私はみなさん一人一人のことを考えていますよ」とアピールしているのである。

同時に、聴衆の側は、一度でも視線が合うと（どういうわけか、合ったような気になるのだ）、自分に向かって話しかけられているような錯覚を覚える。そう感じると、その政治家に好印象を抱きやすいのである。

ちなみに、そう語った政治家は極度の近眼。メガネをかけていても、聴衆の顔はまったく識別できないそうである。

むしろ見えないほうがやりやすいと、その政治家は言う。

「見えないからこそ、いっそう大胆に聴衆を見渡すことができるんです。けれん味たっぷりにね」

政治家の自信に満ち溢れた視線は、このようにして作られているのだ。

人脈づくりの達人に学ぶ必殺のセリフ

どの会社にも一人ぐらいはものすごく顔が広い人がいるものだ。広告代理店に勤めるA君もそんな一人だ。まだ20代だというのに、「どうして、そんな人知っているんだ」と驚かれるぐらい、広い人脈を持っている。

広告代理店の営業マンという仕事柄、多くの職種の人と知り合いになるのは当然のことだが、多くの場合、単なる顔見知りという程度で、とても気軽に頼み事ができるほどの仲にはならない。ところが、A君の場合、いとも簡単に親しくなる。

その秘密は、彼の「人たらし術」にある。彼は、「この人とつき合っていて損はない」と思うと、その人の胸襟《きょうきん》を開かせるある作戦に打って出るのだ。たとえば、こんな具合である。

ある著名な映画監督との仕事上の打ち合わせ。無事に話も終わり、双方挨拶をして引き上げようというとき、

「今日は本当にありがとうございました。とても有意義な時間でした。この次は、仕事抜

きでお会いしたいですね」と言葉をかけるのである。

言うまでもなく、「仕事抜きで」というのがミソ。言われたほうは、お世辞だなと思いながらも、相好《そうごう》を崩し、「ぜひ、いらっしゃい」と社交辞令で返事をする。

A君のすごいところは、このヨイショを単なるヨイショで終わらせずに、本当に仕事抜きで出かけていくフットワークの軽さだ。

「すみません、ホントに来ちゃいました」といってにこやかに顔をのぞかせる。相手が忙しければ、ケーキの一つも置いて、すぐに退散する。

「ここまでやると、相手から電話がかかってくることも多いんですよ。この間は、忙しくて応対できず、すまなかったね。お詫びに飯でも食いに行こうやなんてね」とA君。

「仕事抜きで会いたい」というヨイショは、本当に会いに行ってこそ、絶大な効果を発揮する。

「あれは単なるお世辞ではなく、本当に自分に惚れてくれたんだ」と相手は思い込む。そこまで自分を評価してくれる人間を悪く思うはずがない。かわいい存在となり、助けになることがあればひと肌脱いでやりたいと考えるようになるのである。

おやじ殺しが活用する一撃必殺ワードとは

とくにルックスがいいわけでもないし、人を引きつける話術にたけているわけでもない。また、頭が切れるわけでもないし、特定の分野に精通しているわけでもない。同期の中では、どちらかといえば冴えない部類。誰もが「こいつは敵じゃないな」と見下していた人間が、どういうわけか、上司にも取引先にもかわいがられ、あれよあれよという間に出世の階段を駆け上がってしまった。こんな経験をお持ちの方はいないだろうか？

凸凹商事に勤めるＷ氏も、「なんでこいつが認められるんだ」と多くの同僚から嫉妬を集めている。彼につけられたあだ名は「おやじ殺し」。言うまでもなく、年上の人間をいとも簡単に味方につけてしまうからだ。なぜ、彼は年上の「おやじ」たちを魅了するのか。

その秘密を彼の元上司がこっそり教えてくれた。

「Ｗがおやじ殺しと言われているゆえんは、彼独特のヨイショにあるんですよ。ただ相手を持ち上げるだけのヨイショをするヤツはたくさんいますが、ヨイショを戦略的に使っているのは彼ぐらいのものでしょう」

元上司が彼に言われて心を動かされたセリフは、「私は課長のところに配属されて本当に幸運でした。こんな勉強の機会をいただけたことに、感謝しています」というものだ。**ヨイショとはわかっていても、悪い気分はしなかった**という。

「課長は優秀ですねとか、すごいですねなんていうヨイショなら何も感じなかったと思いますが、彼は感謝の気持ちを口にするんです。感謝されて怒る人間はいませんからね」

彼は、コンペで負けたライバル会社のチームリーダーにもこう言ったという。

「今日はうちの完敗です。でも、不思議と悔しさはありません。なぜって、そちらの素晴らしいプランを目《ま》の当たりにしたからです。こんなことを言っては上司に叱られますが、私は感動を覚えてしまいました。いい勉強をさせていただいて、ありがとうございます」

このパフォーマンスで、彼はライバル会社からも一目置かれる存在になり、業界内に名前が知られはじめたということである。

かくして、W氏が駆使する「あなたに会えてよかった」という殺し文句は、おやじ殺しの必殺技として絶大なる効果を発揮してきたのである。

相手に心理的動揺を与える緩急の揺さぶり

外交やビジネスなどの交渉では、なんとか相手をこちらのペースに引き込もうと、表に裏に駆け引きが展開される。その代表的なものは、緩急の揺さぶりであろう。

たとえば、外交交渉の席ではしばしばまるで喧嘩のような激しい言葉の応酬が行われる。しかし、休憩時間に入ると状況は一変する。一服しに席を立った相手国の外交官に、先ほどまで喧嘩腰だった人間が近づき、笑顔で話しかけるのだ。さっきの喧嘩口調はどこへやら、親しげに、まるで旧来の知り合いであるかのように和やかに話をしている。

これは、もちろん**「心理戦」の一環だ。人は威嚇《いかく》的態度と受容的態度を交互に使われると、心理的に大きな振幅の波が立ち、動揺してしまう**のだ。そして、不安定になった心理状態は、相手にペースを握られ、向こうの意図する展開に持ち込まれてしまうのである。

もちろん、この心理テクニックはビジネスでも利用される。ＩＴ企業のカリスマ経営者と呼ばれるＴ氏は、まるで新興宗教の教祖のように絶対的存在として君臨している。その力の源泉は、威嚇的態度と受容的態度を使い分ける、巧みな心理誘導にあったのだ。

彼は、自分に異を唱える者や期待された成績を上げられない者に対して、人前で容赦なく罵倒《ばとう》する。人格まで否定するような激しい言葉を浴びせかけられた者は、ふつうは強い恨みの気持ちを持つものだが、T氏にとってはそれも計算ずみだ。

激しく罵倒した後、二人きりになったところで、一転してやさしい言葉をかけるのである。

「さっきはみんなの気を引き締めるために、わざときつい言葉を使ってしまった。キミには、すごく期待しているんだ。プロジェクトを成功させたら、キミにふさわしいポジションを用意しようと思っている。だから、これにめげることなく、さらにがんばってくれたまえ」

先ほど全人格を否定された部下は、ボスの豹変した態度にとまどい、心理的に混乱する。そして、**恨み節よりも忠誠心のほうが膨らんでくる**のである。

世にカリスマ経営者と言われる人は多いが、彼らが強引な手法で組織を束ねている裏には、アメとムチを巧みに使い分けるブラックな心理戦術が使われているのだ。

人の心をソフトに動かす巧みなタッチング法

日本ではあまりなじみがないが、海外ではホテルのベルボーイやベッドメイキング、あるいはレストランのウエイターやウエイトレスにチップを渡すのが常識だ。彼らにとっては、給料に加えて、お客さんからもらうチップも重要な収入源であり、多くのチップをもらうために、あの手この手のテクニックを仕掛けている。

そうしたテクニックの一つが**「タッチング」**だ。要するに、お客さんの体に軽く触れることである。お客さんの背中や肩に触れたり、お釣りを渡すときに手のひらに触れるなど、相手と身体的接触を持つようにするのである。

すると、**触られた側は相手に好意を感じ**、多めにチップを渡す。これは心理学の実験でも確かめられていることだ。ただし、昨今はセクハラが社会問題化しているので、男性が女性をタッチングするには十分な注意が必要である。しかし、男性のウエイターが男性のお客さんにタッチングする場合は問題になるようなことは少なく、席にエスコートするときに軽く背中を押したり、椅子を押すときに腕に触れるなど、タッチングする機会はかなりある。

このタッチング、もちろんビジネスの現場でも通用する。相手の肩をボンボンと叩いて「よろしく頼むよ」と声をかけるのは、タッチング理論からすれば、人の心を静かに動かすきっかけになる。

だが、タッチングを実践して効果を上げているというテレビ局のプロデューサーは、「ただ相手に触るだけじゃ、タッチングの威力をわかっていない」と言い切る。

「タッチングはね、こちらから先に触ることで心理的に優位に立つことができるんだ。相手より先に、こっちが触らなくちゃ意味ないんだよ」

たとえば、会議の場。タッチングは、触られた人間が好意を感じるばかりではなく、それを見たまわりの人間は**先にタッチングしたほうが力関係が上だと認識しやすい**というのである。だから、会議が始まる前に、キーマンとなりそうな人間にタッチングしておく。

すると、それを見ていたまわりの人間たちは、主導権を握っているのはプロデューサー氏なんだと思い込み、会議もプロデューサー氏のペースで進んでいくことが多いというのである。

「本当のあなた」を利用して信用させる占い師の戦略

世の女性たちは占いが好きだ。なぜ好きなのかと聞くと、多くの女性は、「よく当たるから」と言う。だが、賢明な読者はおわかりのように、占いは当たるかどうかが重要なのではなく、当たっていると思わせることのほうが重要なのである。そのために、占い師がよく使うテクニックがある。それは、「本当のあなたを指摘する」ことである。

「あなたは、とても明るい性格で、まわりにたくさん人が集まってきますね。でも、その明るさの陰には、泣き出したい自分もいますね。人につらい姿を見せないために、少々ムリをしているんじゃないですか。本当は寂しがり屋なのに、がんばっているんですね」

そう言われた女性は「本当の自分」をこの人はわかってくれると感じ、占い師の言うことを「当たる」と思い込んでしまうのである。

だが、この占い師は当たり前のことを言っているにすぎない。**人には誰でも「外の顔」と「内の顔」がある。**勝ち気に思われている人間も、心の奥には弱気や自信のなさを隠し持っている。

逆に、おとなしく目立たない人間は、人を屈服させたい、強引な行動をとってみたいという強い願望を隠していることが多い。**ただそれを指摘するだけで、相手は「この人は、私のことをよくわかってくれる」と錯覚し、信頼感を寄せる**ようになる。

単純だが、非常に有効なテクニックである。それは、占いにハマる女性の多さから見てもわかるだろう。そんなに効果があるのなら、使わない手はない。

たとえば、女性を口説くとき。外面的なことをそのままほめても、あまり効果はない。「すごくきれいだね」「ステキな洋服ですね」と言っても、「どうもありがとう」で終わってしまう確率が高い。そこで、「外の顔」に隠された「内の顔」を指摘するのである。

「本当のあなたは、ナイーブで傷つきやすいんでしょうね」

「陽気に見せているけど、ホントはまわりを盛り上げようとがんばっているんでしょうね」

ポイントは「内の顔」を指摘するだけではなく、それを認めてあげること。

「人には見せない、そのナイーブさが、あなたのやさしさの源泉なんだね」

「がんばって陽気にふるまっている姿、すごく魅力的だよ」

そんな言葉に女性の心はグラリと揺れるのである。

心理テスト
6

あてはまるものにチェック

次のうち、自分にあてはまるものはいくつありますか？
□時間厳守は当たり前だと思う。
□何事もマイペース。まわりに合わせるのは苦手。
□やりたいことがたくさんありすぎて困っている。
□流行りもいいけど、伝統に心惹かれる。
□人の話を聞くほうが好き。
□言葉遣いには気をつけている。

【解説】他人へのガードが強いかゆるいかがわかります

０～１個……同性からも異性からも話しかけられやすい「愛されキャラ」。変な虫が近寄ってきても、だまされないように要注意。

２～３個……みんなの人気者。ただ、ちょっと調子に乗りやすいところが。おだてられると気持ちよくなって操られてしまうことも。

４～５個……「ちょっと堅そう」と思われがち。人と話すときは笑顔を意識すると吉。

６個……他人に踏み込まれるのが苦手なあなたは「超堅い」と思われている。もう少し、自分をさらけ出してみてもいいかも。

STEP 7

何気ない行動から心の中を読む心理洞察術

その笑顔のウラに隠された本音の見抜き方

「今日の商談はうまくいった。場をなごませるための軽い冗談が大受けで、相手方の部長も大喜びだった。話も終始なごやかに進んだから、これは成約間違いなしだ」

だが、数日後、先方から断りの電話が入った。いい感じだったのに、どうしてだ？

こんな経験はないだろうか。あるいは、こんなことも……。

「今回の合コンはよかったなあ。オレのギャグがマジ受けで、女の子たちゲラゲラ笑ってたもんなあ。すごく楽しませたから、デートに誘ってもOKしてくれるはず」

期待して電話をかけてみたが、女の子からの返事はNO。あんなに盛り上がっていたのに、なぜなんだ？

笑顔＝好印象のはずじゃなかったのか。どうして、笑顔を引き出したのに、つれない返事が返ってくるのか。そこで、笑いのことは、笑いの専門家に聞けとばかりに、お笑い界の中でも理論家で知られる芸人のT氏に聞いてみた。

すると、「笑いにもいろいろ種類があって、この人たちのは、ホントの笑いやないんとちゃう？」との返事。いったいどういうことだろう？

T氏はやおら六角形を描いて、その周りに文字を書き出した。

「これはな、H・シュロスバーグっちゅう心理学者が発見した、**人の表情の相関関係**を表したもんや。重要なのは、**隣同士の表**

情は類似性があるっちゅうこっちゃ」

ほうほう、なるほど。「笑い」の隣は「軽《けい》蔑《べつ》」と「驚き」。笑っている表情に見えても、実は軽蔑していたり、驚いていたりすることもあるというわけか。

しかし、本当の笑いと、軽蔑や驚きの笑いを見分けるには、どうしたらいいのか？

「表情以外の動作をよく観察してみるこっちゃ。ホントに面白くて、もっと聞きたいと思ったら、自然と体は前に出てくる。背もたれにもたれたままだったり、せわしなく手足を動かしていたりしたら、ホントの笑いじゃない可能性が高いわな」

感情は、無意識のうちに体に表れる。表情だけではなく、体全体の雰囲気を観察して、笑顔のウラに隠された本音を見抜かなければいけないのだ。

シュロスバーグの表情相関図

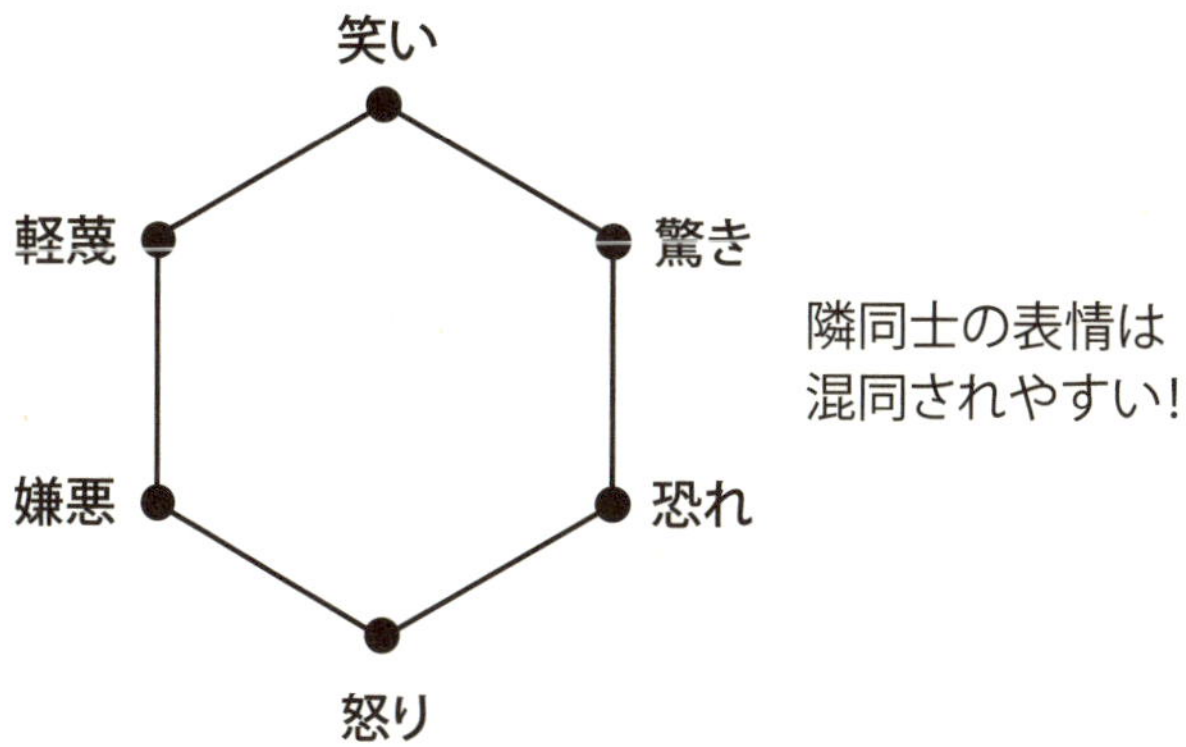

関心があるか、退屈しているかは返事の長さが物語る

会話をしているとき、相手が自分の話に興味を持っているかどうか、あなたはわかるだろうか？

相手の感情を敏感に感じ取って、どう思っているかを判断するのは意外に難しい。愛想で笑顔をつくっているかもしれないし、うんうんとうなずいて熱心に聞いているふりをしているかもしれない。本当に関心を持って聞いているのか、それとも退屈しているのか、どうやって見分ければいいのだろうか？

下着の訪問販売で、全国トップクラスの営業成績を収めているMさんによると、相手の感情を確かめるもっとも簡単な方法は、どんな返事が返ってくるかを注意深く聞くことだという。

下着の訪問販売では、現物を見せながら商品の説明をして購入してもらう。売り上げを伸ばすには、短時間のうちに興味を持った客と関心の薄い客を見分けることが大切。興味を持った客に重点的にプッシュをかけたほうが、成約率が高いからである。

このとき、お客の関心の度合いを、Mさんは会話の中で相手からどういう返事が返ってくるかで判断する。では、どういう返事が脈ありなのだろうか？

結論から言ってしまおう。ワンセンテンスの返事は、あまり関心のない証拠。**関心を持っている人は、ツーセンテンス以上の言葉で返事を返してくる。**

「うん」

「へえ」

「そうなの」

「たしかに」

これらは会話における代表的な返答だが、はっきり言って、このようなワンセンテンスの返事しか返ってこないようなら、あまり興味を抱いていないと思っていい。**ワンセンテンスの返事は、言ってみれば反射神経のようなもの**。何か別のことを考えていても、こういうひと言程度の返事はできる。

本当に関心を持っているなら、もう少し言葉が重なってくる。たとえば、こんな具合だ。

「うん、それってよくわかります」

「へえ、そうなんですか？　知らなかった」

「そうなの。よくわかりました」

「たしかに、そういうことってありますよね」

ひと言くらいは反射神経でパッと出るが、それに続ける言葉は、考えていないと出てこない。つまり、それだけ熱心に話を聞いている→少なからず関心を持っているということなのである。

ひと言の返事が続くようなら、相手はあなたの話に退屈しているということだ。話題を変えるか、話の主導権を相手に渡したほうがいいだろう。

また、逆に言えば、相手の言葉に対してツーセンテンス以上の返事を意識的に返していけば、**「私はあなたの話に、とても関心を持っていますよ」ということをさりげなくアピールすることもできる**わけだ。

ベテランショップ店員が注目する、お客の買う気を表すしぐさ

ウィンドウショッピングでもして、何か気に入ったものがあれば買おうかなと思っていると、ショップに入ったとたんに店員がそばに近づいてきた。

「この商品はこうで、ああで」

「これ、とっても似合うと思いますよ」

「いまセール中ですから、とってもお得ですよ」

「これ、人気だから、すぐ出てしまいますよ」

と聞いてもいないのに、セールストークをまくしたてる。

正直、ちょっと気に入ったものもあったけれど、あまりしつこいからパスしちゃった。

こんな経験はないだろうか？

ゆっくり商品を吟味したいとき、店員にそばに来られて話しかけられるのは本当に迷惑なもの。

向こうも商売だから必死なのだろうが、それって逆効果では？　と思うこともしばしばだ。

しかし、ベテランのショップ店員になると、そんな不作法なことはしない。

お客さんの様子をチラリチラリと横目で見て、そのしぐさからお客さんの心理を読み取り、声をかけてほしいときにそばにやって来る。

そんなできたショップ店員は、お客さんのどんなしぐさを見ているのだろうか。

東京・渋谷の某ショップで、断トツの売

り上げを誇るカリスマ店員Kさんは、お客さんのこんなサインを挙げる。

店内を歩き回り、商品を手に取っては棚に戻しているときは、じっくり見たいと思っている。

だから、声かけはNG。横目で追いながらも、自由に見てもらう。

特定の商品の前で止まり、手や目の動きが止まったときは、その商品に関心があるということ。

その商品に関する情報を欲しているので、「どうですか？　それ、いいでしょう。売れ筋なんですよ」などと、さりげなく声をかける。

商品を手に持って、店内のあちこちに視線を送り始めたら、声をかけてほしいというサインを出していると思っていい。


手で顔や頭、腕などをしきりにさすっているときは、店員に声をかけてもらいたくてウズウズしているとき。

なかなか声をかけてもらえないと、イライラしてしまうので、こういうお客さんのしぐさを目にしたときは、すぐさま声をかけるべき。

「すごくいいと思いますよ」

「お客さんに、とっても合っていると思います」

「お客さん、すごくスタイルいいから、このシリーズはぴったりだと思います。試着してみます？」

こんなふうにお客の心理を読み取ってくれる店員さんばかりなら、ショッピングはもっと楽しくなるのに、と思うのだが。

相手のこんな動作に表れる交渉成立のサイン

優秀な営業マンは、本人が意識するしないにかかわらず、間違いなく有能な心理分析家である。

相手がどのような状況にいて、どのように感じているかを敏感に察知する。

だからこそ、顧客の心理状態を巧みに利用して、セールスを展開していくことができる。

とくに、もっとも気を遣うのは、クロージング、つまり契約書にサインをしてもらう段階であろう。

何度も足を運び、商品の機能や特性は十分に説明した。採用してもらった場合のメリットも解説した。あとは、契約書にサインしてもらうだけである。

こんな状況のときには、切り出すタイミングが難しい。

はじめは当たりさわりのない雑談で場をなごませ、いよいよ契約書を取り出して、

「では、サインをお願いします」

と迫るべきときである。

しかし、相手がまだ迷っているような場合だと、切り出すタイミングによっては、

「もう少し考えさせてください」

と待ったをかけられるか、

「いや、やっぱりちょっと今回は……」

と断りを入れられる可能性もある。

相手が「よし」と前向きにふんぎりをつけられる絶好のタイミングで切り出したい

ものだが……。

心理学者のニーレンバーグは、交渉場面を何千回もビデオに録画し、どのような場面で合意に至るかを検証した。

その結果、面白いことがわかった。

相手が背広の上着を脱いだら、ほぼ交渉成立となったのである。

部屋の中が極端に暑い場合を除いて、普通ビジネスマンは背広の上着を脱がないものだ。それを脱ぐということは、無意識のうちに、身にまとった圧迫するものを取り去りたいという心理からきた行為だと考えられる。

つまり、**「もう参りました」「それで決定しましょう」という心理的な降参の表れだったのである。**

また、背広の上着のボタンを留めたままの人より、はずしている人のほうが合意に達する確率が高くなることもわかった。

そこから考えると、相手が上着のボタンを一つ二つとはずし始めたら、「もう合意してもいいかな」と思い始めているサインと思っていいかもしれない。

さらに、ベテラン営業マンに言わせると、「相手がネクタイをゆるめたら、まず契約していただけると思って間違いありません」という。

ネクタイをゆるめるという行為も、圧迫するものを取り去りたいという欲求によるものである。

早く手を打って、ラクになりたいという意識が、知らずしらずのうちにネクタイをゆるめさせているのだ。そこまで観察している営業マンは、やっぱり心理学者だ。

逃走犯の心理を読んで、的確に追いつめる警察の作戦

「キャー、誰かあ〜！　ドロボーよ、ドロボー！」

夜9時を過ぎた薄暗い路地で、突如ただならぬ叫び声がこだました。帰宅途中のOLが後ろから来たバイクにハンドバッグをひったくられたのだ。

ハンドバッグを奪い取ると、バイクは全速力で逃走。ちょうど、そこへ自転車に乗った大学生が通りかかった。大学生はすぐに事情を察して、果敢にもバイクを追いかけて自転車を飛ばした。

近所の人が悲鳴を聞きつけて110番通報、近所の交番から2分もかからずに制服警官が到着した。警官は被害者のOLから事情を聞くと、肩口のマイクから本部に報告。すぐさま緊急配備がとられることになった。

その結果、事件発生からわずか30分後には付近を捜索中のパトカーに不審なバイクが発見され、あっけなく犯人は御用となった。

警察の迅速な対応がスピード検挙につながったわけだが、そこには心理学にもとづいた警察のすごい読みがあることをご存知だろうか？

それは、**逃走犯は左回りに逃げる傾向にある**というものだ。

では、なぜ、左回りに逃げるのだろうか？

警察捜査に詳しい、刑事OBのF氏に解説してもらおう。

「まず第一に、クルマやバイクなどで逃走する場合、右折は反対車線を横切らなければなりません。対向車に注意しなければならないために、時間がかかります。だから、簡単な左折を選択しやすいことが挙げられます」

とF氏は言う。

「また、右ハンドルの日本車の場合は、フロントガラスの左側のほうが開けており、見通しがききます。そのため、追われて焦っている犯人は、広く見渡せる左折を選びやすいとも言われているんです」

なるほど、たしかに言われてみれば、よく見えるほうが安全に思える。

さらに、F氏が付け加えたのは、意外な理由だった。人間は心臓が左側にあるために、左に重心がかかる左折を選択しやすいというのである。左に曲がるほうが、なぜか安心して曲がれるのだ。

いずれにせよ、左回りに逃げる逃走犯のほうが圧倒的に多いのである。

そのため、警察は被害者から犯人がどの方向へ逃げたのか確かめると、その左側を重点的に捜索した。

案の定、犯人は左回りで逃げており、警戒中のパトカーに発見され、逃げようとしたところを別のパトカーに進路を塞がれて一巻の終わりとなったのであった。

「まあ、日本の警察をなめたらいけませんよ」

と自慢げなF氏。

こうした心理学を取り入れた捜査手法も、科学捜査と言うのだろうか？

風俗店の店長は女の子のウソを目線で読み解く

風俗店は儲かると言われていたが、それもいまや過去の話らしい。

規制が厳しくなったうえに、過当競争が進み、儲かる店と儲からない店の差が如実に出てきた。この業界もご多分にもれず、「勝ち組」「負け組」に二分されているようだ。

儲かる店にするためには、何をおいてもまず女の子。質の高い女の子をそろえて、濃厚なサービスを提供するのが、人気店にするための基本だ。

「そうなんですけどね、それがなかなか難しいんですよ」

と言うのは都内で風俗店を経営するWさんである。

「性意識が解放されたからか、比較的女の子は集めやすいんですわ。でも、ここだけの話、この業界に来るような子って、わがままだったり、ルーズだったりする子も多いんですよ。とくに、かわいい子ほどね。そんな女の子たちを真面目に出勤させて働かせるには、かなりの努力が必要なんですよ」

たしかに、そうかもしれない。

とくに閉口するのが、何かとウソをついてずる休みしたり、仕事の手を抜こうとしたりすること。そんな女の子を説得しているうちに、Wさんは簡単にウソを見抜けるようになったという。

「ウソを言うときは、**利き手の反対側に視線がいくんです。右利きだったら、左側で**

すね。逆に、本当のことを言っているときは、利き手側に視線がきます」

だが、言っていることがウソだとわかっても、そこからが大変だという。

「うちの犬が怪我して自分じゃエサも食べられないんです。誰かが見ていないと。だから、明日はお休みさせてください」

とカヨコちゃんは左のほうを見ながら言う。もちろん、彼女の利き手は右だ。

「そうなの。それは大変だね。でも、明日は人手が少なくてさ、なんとか出勤してくれないかな」

とWさん。

「ええ〜、でも〜。もし、うちのワンちゃんに何かあったら、店長が責任とってくれますか？」

とカヨコちゃんは、さらに食い下がる。

「いや、それは……。そうだ、店員の中村くんを2時間ごとに、キミの部屋に行かせてワンちゃんを見てもらうよ。それで、いいだろう」

Wさんも負けてはいない。

「ええ〜、そんなことされても〜」

「頼むよ、カヨコちゃん。オレを助けると思ってさ。わかった、じゃあいつもの五割増しで払うからさ。お願い、この通りだ。いいだろう」

「そこまで店長が言うなら、わかりましたあ〜」

ウソは見抜けても、これではどっちが勝ったかわからないなあ。

カリスマホストは女のバッグで素顔を見抜く

「人を見かけで判断してはいけない」というが、見かけが、人のさまざまな内面を語っていることも少なくない。

「見かけからつきあい方を判断し、成功することは多いよ」というのは、新宿歌舞伎町のカリスマホストK君である。

ホストは、初めてのお客がどんなタイプの女性かを見抜き、それに合わせた応対をしなければならない。プライドの高い女性には、彼女のプライドをくすぐるような、甘えたがりの女性には甘えさせてやるような会話や態度でもてなす。それが次の指名にもつながる。

実際、外見に応じた応対をするようになってから、Sくんの指名率はグングン上がり、店のナンバーワンに上り詰めた。

では具体的に、外見のどんなところを見ればいいのか?

「いろいろあるけどね。わかりやすいのが、バッグだね。そのときどきで違うバッグを持ってくる人は多いけど、よく見るとだいたい同じパターンのものを使ってるんだ」

そう言って教えてくれたのが、以下の4パターンだ。

・比較的小さめのショルダーバッグ

とくに、流行り物や、大勢の人が持っているブランドやデザインのバッグを持っている女性は、体面を気にする見栄っ張り。好きになる男性は、高学歴、高収入、ルックスがいいなど、人に自慢しやすいタイプ。

ただし同じバッグを「色や形が気に入っているから」といった理由で長く使い続けている人は、趣味がはっきりしており、男性も周囲の評価と関係なく、好きになったら一途に相手を思い続ける。

・大きなショルダーバッグ

おおざっぱで、細かいことは気にしない、活動的な人が多い。好きな男性にも、あまり自分を合わせず、マイペースで物事を進めようとする。

・ヒモのついていないセカンドバッグ

お嬢様タイプに見られたい願望が強い。ブリッ子で、甘えたがり屋。

・ポシェット

20歳を過ぎても持っている人は、若く見られたい願望が強い。歳を取ることに恐怖を抱いている。

以上をもとに、お客への接し方を決める。たとえば、小さいヴィトンのバッグを持っている女性は、人にも自慢できるよう、多くの女性が理想とするような男性を好む。ルックス自慢のSくんが近づけば、それだけで関心を示す。

あるいはヒモのついていないセカンドバッグを持っている女性なら、お姫様を扱うように接してやれば、「次もS君を」と指名してくれるそうだ。

これを合コンに応用するなら、自分ならどのタイプの女性と合いそうか、考えておくといい。活動的なタイプがいいと思えば、大きなショルダーバッグを持っている女のコを探してアプローチすれば、オトせる確率は大きくなるはずだ。

本当の気持ちを知りたければ顔の左側に注目

ポーカーフェイスといえば、感情が顔に表れない人をさすことはご存じであろう。文字通り、ポーカーなどのカードゲームをするときには、いい手が入っているのか、ブタなのか、表情からはまったくうかがい知ることができないので、さぞ強いことだろうが、一般生活において喜怒哀楽がわからない人はちょっとやっかいだ。

楽しいことがあってもあまり喜んだ様子は見せないし、つらいことがあっても涙ひとつこぼさないのは、まわりの人間のほうがとまどってしまう。相手の感情が見えないので、どう扱っていいかわからないからだ。

「いやいや、人間の感情なんて、そんなに完璧に隠せるものではないですよ」

そう言うのは、心理研究家のN氏だ。どんなに無表情な人でも、感情の変化を示すサインはどこかに出ているという。

「じつは、**顔の左側に感情が出やすい**ことがわかっているんです。だから、ポーカーフェイスの人のホンネが知りたかったら、相手の顔の左側に注目してみるといいですよ」

とN氏は言う。

顔の左側というと、こちらから見た場合は右側ということになる。そこに注目していれば、相手がいまどういうことを感じているかがわかるというのか。

N氏によれば、心理学では人間の基本感

情には、幸福、恐怖、驚き、嫌悪、悲しみ、怒りの6つがあるとされているという。

アメリカの心理学者ハロルド・サッカイムは、この6つの基本感情がどのように表情に表れるか実験を行った。

6つの基本感情の表情をしてもらった顔写真を撮り、それを顔の左右半分で切って、右側だけの表情と左側だけの表情に合成した。簡単に言うと、左側の顔を反転して右側部分を作り、元の左側の顔とくっつけて、片側だけの表情の顔写真を作ったのである。

それを被験者に見せて、6つの感情を強く感じとれるのは、顔の左側を合成した写真か右側を合成した写真か、その印象を語ってもらった。

その結果、幸福以外の表情は、顔の左側だけの写真に強く表れることがわかったのである。つまり、**恐怖、驚き、嫌悪、悲しみ、怒りの感情は、顔の左側に出やすい**ということだ。

「ですから、顔の左側をよく見ていると、その人がどう感じているかが案外わかるんですよ」とN氏。

そうであるなら、相手の隠されたホンネが知りたいときは、相手の顔の左側がよく見える位置にいればいいということだ。

逆に、自分のホンネを相手に悟られたくないなら、自分の左側の表情がよく見えないように、相手が自分の右側にくるようにすればいい。

写真写りがいいのは顔の右側か左側かを気にするより、ホンネをさらけ出してしまう顔の位置を気にすべきだろう。

ウソは手の動きから見破ることができる

相手が本当のことを言っているのかどうか確かめたいと思うことはよくある。

「そんなときは、手に注目してみるといいですよ」

と教えてくれたのは、心理カウンセラーのI先生。

クライアントの中には、なかなか本音を明かさず、まことしやかなウソをでっちあげる人も少なくないという。そういう人の言葉の真偽を確かめるために参考にしているのが手の動きだというのだ。

先生いわく、**目ならぬ「手は口ほどにものを言う」**。

でも、手のどんな動きに注目すればいいのだろうか？

「わかりやすいのは、手で口を隠すという動作ですね。よく驚いたときにやりますが、ついているウソを隠したいと思っているときも出るんですよ。そんなあからさまに口を隠さなくても、指で唇をかいたりすることもありますね」

そのほか、鼻に触れるのも隠し事の動作だという。

ウソをつくと緊張して鼻の粘膜が乾くからという説もあるが、**ウソをついているときは何かをしていないと落ち着かなくなり**、あまり大きな動作をすると怪しまれるので**口や鼻に手をやってしまうのではないか**と先生は言う。

いずれにしても、顔を触るというのは、

ウソを隠している可能性が高いということである。

また、指をもてあそぶように、せわしなく動かすのも、ウソの緊張状態を緩和しようとしている人特有の動作らしい。何かしていないと不安になってしまうのだろう。

「メガネをいじったり、タバコを吸う人は頻繁にタバコを吸ったりもしますね。どちらも緊張していることを隠そうとする行為でしょうが、見ているほうは違和感をおぼえますよね。わかりやすいです」

とI先生は笑う。

でも、不自然な動きが怪しいと自覚している人もいるでしょう?

「いますね。そういう人は、手の動作がいつもと違うと違和感を抱かれやすいことを知っています。だからね、ポケットに手を入れちゃうんですよ。でも、人と話しているときにポケットに手を入れるって、それこそおかしな動作でしょ?」

言われてみれば、そうだ。ツッパリ君ならともかく、普通は他人と話をするときにポケットに手はつっこまない。

「似たような動作で、手を背後に隠してしまうこともあります。これも手でウソがばれないようにしているんですね。この場合は、クセでよく後ろ手を組む人もいるので、ちょっとわかりづらいですね。ほかの動作との兼ね合いを見て、総合的に判断するしかありませんね」

手は、これほどものを言ってしまうのか。今度、ウソをつかなければならないときは、手をテーブルの上に置いて、石のようにじっとしておこう。

目の動きはこんなにも思考を物語っている

友達に、昨日の晩、何を食べたかたずねてもらいたい。そのとき、友達の目がどう動いていたかを観察してみよう。

おそらく、友達の瞳は左上を向いていたはずである。そう、目の動きは思考と深い関係があるのである。

以下に、目の動きと思考の相関関係について、てみてみよう。

・目が上のほうを向いている

自分の考えをまとめようとしている。

・目が左上を向いている

過去の体験を思い出している。

・目が右上を向いている

これまでに体験したことのない光景や未来のことについて想像をめぐらしている。

・目が右下を向いている

自問自答している。あるいは、過去に経験した肉体的不快感や快感など、身体的なことを想像している。

・目が左下を向いている

聴覚に意識を集中させている。あるいは、過去に聞いた音楽など、聴覚的なイメージを思い浮かべている。

・まぶたを見開く

驚いている。あるいは、動揺している。

・瞳孔が大きくなる

見ている対象に強い関心を持っている。好きな人に会ったり、好きな物事に没頭しているとき、もっとよく見てみたいという心理が働き、瞳孔が開く。

・目が泳いでいる

せわしなくキョロキョロしているときは、不安な気持ちでいる証拠。内向的な性格の人は、会話をしているときに、目が泳ぐことが多い。

・目つきが鋭くなる

鋭い目つきで近づいてきたら、威嚇しようとしている。会話中に目つきが鋭くなったら、あなたの話に疑念を抱いているか、不快感をおぼえている。

・相手の目を見る

相手が何を考えているか知ろうとしている。相手の目の表情から、情報を得ようとしているのである。

恋愛感情がからんでいる場合は、男女によって傾向が異なる。男性の場合は、好きな人がしゃべっているとき、相手の目を見て聞こうとする傾向が強い。女性の場合は、好きな人に話しかけているときに、相手の目をじっと見ることが多い。

・わざとらしく視線をそらす

興味を失い、早く会話を終わらせたいと思っている。

・相手を見上げる

「上目遣い」という言葉があるように、服従の意思を表す。また、恋人同士など親密な間柄では、相手に甘えたいという気持ちを示している。

・見つめてから、目をそらす

その人に、恋愛感情など強い関心を持っている。好意を持っていることを気づかれたくないという心理が表れたもの。

・まばたきを頻繁にする

緊張や不安を抱えている。

YESのしぐさ NOのしぐさ

取引相手と商談しているとき、あるいは好きな異性にアプローチしているとき、相手の気持ちがYESなのかNOなのか、誰もが知りたいと思うだろう。

どこかに、サインは出ていないのか。そんな疑問に、マナーコンサルタントのJ氏が答えてくれた。

「よく知られているところでは、あごを手でさする動作があります。これは代表的なYESのサインです」

とJ氏は言う。**あごを手でさするのは、満足している感情を表す**ものだからだ。

「テーブルの上に手を広げておいていた場合、手のひらを開いていたら、リラックスしてあなたの話を聞いていることになりますから、YESの可能性が高いでしょう。しかし、手を握りしめていた場合は緊張状態にあるということです。NOの確率が高くなります」

手を開いていたらYESで、握っていたらNO……けっこう微妙だ。

「テーブルの上に置いてある物もサインになる場合があります。たとえば、灰皿やシュガーポットなどがあったとしたら、それを脇にどかすのは、あなたとの間の障害物を取り除き、気持ちを通わせたいと思っています。だから、YESの感情です。

ところが逆に、灰皿やシュガーポットを自分とあなたの間に置いたら、あなたとは距離をとりたいと思っていることになります。よってNOということになるでしょう」

　その他の**NOのサインとしては、両手を頭の後ろで組む、両手であごを支える、テーブルをコツコツと叩く、指で額の真ん中を押す**などの動作があるという。

　さらに、注意すべきは腕組みだとJ氏は言う。人前で腕組みをするというのは、相手に対して心を閉ざしているしぐさだが、どのように腕組みをしているかで意味合いが変わってくるという。

「腕組みは、自分を守りたい、人に立ち入らせたくないという感情を表していると考えられますが、そこで気をつけていただきたいのが、いつから腕組みをしているかです。話をする前から腕組みをしているのであれば、相手はあなたに引け目を感じている可能性があります。自分よりレベルの高い人と思っているのです。ざっくばらんに、ホンネを聞きたいなら、冗談を言ったり、失敗談を聞かせて、私はそんなに立派じゃないですよというところを見せたほうがいいかもしれません」

　逆に、話を始めてから腕組みをしたなら、こちらの話に異論や不快感を持っているということ。NOのサインと言えるだろう。

　また、高い位置で腕組みをしている人は、自分のほうが偉いとアピールしているという。こういう人は権威主義的で、上からものを言い、人の話に耳を傾けないことが多い。

　低い位置で腕組みをしている人は、「これ以上、あなたとはかかわりたくない」というう拒絶のサイン。いまはアプローチしても、YESは得られないと思ったほうがいい。

心理テスト
7

ピクニックで隣にいるのは

あなたは公園にピクニックにやって来ました。シートを広げてくつろぎ、「さあ、お弁当を食べよう」としたとき、隣にペチャクチャ騒がしい女性グループが陣取りました。どんなグループですか？
①制服姿の女子高生たち
②子供が同じ幼稚園のママ友グループ
③一流企業のキャリアウーマン・グループ
④中年のおばちゃんたち

【解説】あなたの隠れたコンプレックスがわかります。

①を選んだ人……思春期コンプレックスかも。学生時代につらかったこと、孤独な青春はもう忘れてしまいたいと思っているようです。
②を選んだ人……不幸せコンプレックスかも。幸せそうな人を見ると、「自分たちだけ、いい思いをして……」とひがんでしまいます。ホントは、自分が幸せになることを強く望んでいるのです。
③を選んだ人……できる人コンプレックスかも。自分の能力にいまいち自信が持てず、自分の実力が評価されるのを嫌がっているようです。結果が出るのをおそれてトライすることを避けていませんか。
④を選んだ人……母親コンプレックスかも。拘束がひどかったり、許せない行動を目にしたりして、母親に対して複雑な感情を抱いているのでは。

STEP 8

知らないうちにホンネを語らせる
コトバの心理誘導術

「たとえばの話」を使って相手のホンネを引き出す

中堅商社に勤めるＭさんは、商品買い付けのバイヤーだ。品物を売りたいという業者がいれば、どこへでも出かけていく。仕入れてもいいと思えば、そこからがＭさんのビジネスだ。安く仕入れるほど、Ｍさんの会社の利益は上がり、Ｍさん自身が評価されることになる。

しかし、相手も海千山千の商売人。とても一筋縄ではいかない。平気で高値を吹っかけてきて、徐々に妥協するふりをしながらも、できるだけ高く売りつけようとする。

そんな老練な業者の駆け引きをかいくぐり、相手の本音を読みながら、妥当な価格まで引き下げさせるのがＭさんの役割なのだ。

たとえば、ある家庭用品を買い取ってくれないかと打診を受けたケースでは、行ってみると、いかにも抜け目なさそうな社長が応対に出てきた。

「これなんやが、引き取ってもらえんやろか？」

「1個いくら？」

「500円と言いたいとこやけど、400円でええわ」

「全部で何個あるんですか？」

「1万5000くらいかなあ。いや、でも受けてもらえる分だけでええよ」

「たとえばの話、全部引き受けると言ったら、1個いくらにしてもらえますか？」

「そうやなあ、全部持っていってもらえるんやったら、1個220円でええよ」

それを聞いて、Mさんの眼光が鋭くなった。

最初の400円というのはまったくのブラフ（はったり）。しかし、220円と口にしてしまえば、220円を基準ラインとして、あとはそこからいくら引き下げられるかという交渉になる。

このように、**「たとえばの話」と仮定の話にしてしまうと、人は警戒心を忘れ、つい本音をもらしてしまう**ものである。仮定の話だろうが何だろうが、一度口にのぼってしまえば、それは既成事実になる。「さっき220円って言ったじゃないか」と追い込むことができる。

「たとえばの話」は都合のいい答えを引き出すことができる便利な言葉なのである。

何でも見抜いてしまう、ある霊能師のセリフの使い方

占いがすべてインチキであると言うつもりは、まったくない。しかし、売れる占い師、霊能師になるためには、それなりのテクニックが必要だろう。ということで、霊能診断の看板を掲げる、さる霊能師に舞台裏をうかがってみた。

「お客さんを惹きつけるためには、最初が肝心。最初に相手のことをピタリと言い当てたと思わせれば、それからは私の言うことを素直に受け止めてくれます」

霊能師が語ったところを要約すると次のようになる。

まず、雑談のようにとりとめのない話題から入る。そして、タイミングを見計らってこう言うのである。

「思いも寄らないことって、起こるものですね」

このとき、相手の目をじっと見つめて、微笑みながらうなずくのがポイントである。相手が「この先どうしたらいいのだろう」と悩みを抱えている場合は、ハッと目を見開くなり、

驚いた表情を見せるなりといった変化がある。そのような反応を見せたら、すかさず、「さすがに、あなたも予想はしていなかったんでしょう?」とつなげる。すると、相手は「ええ、実は……」と悩みを打ち明けるのである。

「思いも寄らないことが……」と言うだけで、どうしてお客さんの信用を勝ち得ることができるのか。微笑みながらうなずいて、このセリフを口にすると、「私にはちゃんとわかっていますよ」というニュアンスが醸し出されるのだ。

それが意味するものは、聞く人の立場によって異なる。まったく心当たりのない人は「そうですね」と流してしまうが、心に悩みや不安を抱えている人は、「ハッ、この人は何もかもわかっているんだ!」とびっくりする。

霊能師のところに相談に来るくらいだから、たいていの場合、悩みや不安を抱えているものである。そういう人がこのセリフを聞けば、驚異の透視能力に感じられるのだろう。

このように、占いや霊視では、複数の意味にとれる含みのあるセリフを用いることが多い。解釈は相手にまかせ、表れた反応から推測して話をつなげていくのである。**「この人はわかっている」と思わせたら、心理操作は簡単**なのである。

自分からホンネを語らせる、心理カウンセラーの誘導尋問

人の相談に乗るのは、案外むずかしい。外部から客観的に見ている人のほうが正しい判断を下せるが、当事者は頭が凝り固まって冷静に状況を見ることができないので、なかなかアドバイスを受け入れてくれないものだ。

そんなときは、心理カウンセラーの「答えを提示しない誘導尋問」を参考にしてみてはどうだろう？

心理カウンセラーが相談に乗るときは、決してこちらから意見を押しつけたりしない。自分で考えさせながら本音を引き出し、自分自身で結論を出すように仕向けるのである。

たとえば、恋愛問題で悩んでいる女性の相談に乗っているとしよう。まずは、ひととおり彼女の話を聞く。その後で、「要するに、こうこうこうで、こういうことね」と話を整理する。できるだけ単純化してわかりやすくするためである。

そして、「あなたは、どうしたいの？」と尋ねる。ここがポイントである。必ず、どうし

たいのか、どう思っているのか、本人に聞いて自分で考えさせるのである。

この場合は、彼と「やり直したい」か、「別れたい」かのどちらかである。どちらを選んだとしても、「じゃあ、そうするためにはどうすればいいと思う?」と相手にその先を考えさせる。

こうしたほうがいいと思っても、決してそれを押しつけてはいけない。もし、相手が明らかに間違っているほうを選択しても、「それはダメです」と頭から否定せずに、「そうすると、こういうマイナスが出てくるけど」とデメリットを列挙して再考を促す。そうやって、あるべき方向に誘導していく。

しかし、最終的な判断は、あくまでも本人が自分で考え、自分で下す形に持っていくのである。

このように、相手に考えさせるというスタンスで話を聞いていくと、相手は自ら問題点を見つけ出し、見失っていた自分の本音を探り当て、どうしたらいいのか結論を下す。**考えるプロセスをたどることによって、自分自身で納得できる結論を導き出すことができる**のである。

真相を語らせる、落としのプロのとっておきのワザとは

犯罪捜査を行う警察組織の中には、「落としのプロ」と呼ばれる刑事が存在する。容疑者から自供を引き出す、取り調べのプロフェッショナルである。

彼らは、さまざまな証拠を積み上げ、一つ一つ問いただしていくわけだが、そこでは、おだてたり、プレッシャーをかけたり、情に訴えてみたりと駆け引きのテクニックが駆使される。

しかし、それでも口を割らない被疑者には、とっておきのワザが用いられるという。そのワザとは何か?

被疑者から話を聞いていると、「それは、おかしい」と感じるときがある。以前話していた内容と矛盾する場合もあれば、第六感でアンテナが反応する場合もある。とにかく、違和感を覚えるのである。

そういうとき、通常は「それは違うだろう」と切り込んでいくところだが、ときにフッ

と沈黙するのである。**口をつぐんで何も言わない。相槌も打たず、黙って被疑者の顔を凝視する**。これが、とっておきのワザである。

ただ沈黙するだけ？　と思うかもしれない。しかし、これは意外に効果を発揮することが少なくないのだという。

そもそも、人間は自己主張する生き物である。ましてや被疑者として取調室に座っている状況であれば、なんとか言い逃れをしようと多弁になる。「こう質問されたら、このように答えよう」と事前にシミュレーションもしているはずだ。なのに、沈黙……。

事実を述べていない状況で相手に沈黙されると、「いまの話に重大な過失があったのではないか」「何か、話の中に大きな穴を見つけたのではないか」と疑心暗鬼に陥り、なんとか弁明しようと、つい言わなくていいことまで口にしてしまう。不安な精神状態の中でしゃべると、矛盾点がボロボロと出てきて、そこを突っ込まれて墓穴を掘ることがあるのだ。

気の弱い人になると、取調官が押し黙っただけで不安に耐えられなくなり、「本当のことをお話しします」と頭《こうべ》を垂れることもあるという。

相手に真実を語らせるには、沈黙で相手を精神的に追いつめることも必要なのだ。

スクープ情報を確実に手に入れるリポーターの質問力

芸能リポーターのY氏は、これまで数々のスクープをものにしてきたことで知られる。彼がスクープのネタはどんなところから仕入れるのかというと、ずばり、ターゲットの事務所スタッフ。それもマネージャーなどタレントに近いところにいる人間ではなく、経理担当や事務のアルバイトなど、どちらかというと日の当たらないところにいる人間が多いという。

ただし、事務所スタッフから情報を取るためには、日頃から親しくつき合ってパイプを築いておかなければならない。

「だから、僕はタレントさんだけじゃなくて、マネージャーさんにもメイクさんにも、営業担当にも、バイトにだってやさしいですよ。よく飯にも誘いますしね」

しかし、親しくなっても、簡単にネタをタレ込んでくれるわけではない。どうやって飛び切りのネタを聞き出すのだろうか？

「簡単に言うとね、流れをつくるんですよ。トークの流れ。その流れの中で、ポツンと爆弾を落としてやると、網にひっかかるんです」

日頃からスタッフの趣味や好きなものをあらかじめ探り出しておく。そして、食事の席や酒の席で、相手に趣味や好きなものの話題を振るのである。人間、自分が強い関心があるものに対しては饒舌《じょうぜつ》になるもの。「気分よく語っている」という流れを作り上げる。そして、相手の口が絶好調になってきたところで、**急に核心をついた質問を投げ込む**のだ。

「ところで、おたくの○○さん、離婚届出したって噂があるけど、それ本当？」

気分よくしゃべっていたところに、突然の爆弾。もちろん、ここで口を割ることはない。しかし、それが事実であれば、多少なりとも慌てたそぶりを見せる。事実無根であれば、「へ？」という顔になるはずだ。そこでもう、勝負はついたも同然なのである。

慌てふためいたスタッフは、自分でも失点したことがわかっている。躍起になって否定すればするほど、墓穴を掘る。そこですかさずY氏が耳元でささやく。

「××さんが言ったなんて、絶対に言わないから安心してよ」

これで共犯関係成立である。

不意をついて ホンネを引き出す質問法とは

営業マンは、顧客のニーズを引き出さなければならない。自動車ディーラーの営業マンも、お客さんが本当に欲しいと望んでいるのは、どういうタイプのクルマなのか。予算はどれくらいなのか。候補としてどのクルマを見ているのかといったことを的確につかむ必要がある。

ところが、ディーラーのショールームを訪れるお客さんは、案外本当のことを言ってくれないもの。営業マンに丸め込まれるのを警戒してか、それとも手の内をすべてさらけ出すことに抵抗を覚えるのか、適当にはぐらかしてしまうことが多い。そこで、営業マンのSさんは、お客さんの不意をつくことで、思わず本音を言わせてしまうテクニックをよく使う。

たとえば、ショールームにやって来たお客さんと話をしている最中、不意に「もうほかのディーラーさんは回られましたよね?」と質問する。

「ね?」とあたかも当然のことのように聞くのがポイントだ。「ほかのディーラーさんは回られましたか?」と聞くと、たいてい「いえ、まだなんです」と否定される。他社と比較していることに、後ろめたさを感じているからだろう。しかし、「……ね?」と確認するように聞くと、思わず「ええ、何軒か」と本音がポロリとこぼれ落ちやすいのだ。

一度本当のことを言ってしまうと、心理的な壁が取り払われ、あとはスムーズに話をしてくれるものだ。他社のショールームでどんなクルマを見たか、どれに好印象を持ったか、他社からどれくらいの値引きを提示されたかなど、重要な情報を得ることができる。

こうした情報を引き出せれば、お客さんが本当のニーズがどこにあるかなどがおのずと見えてくる。これらのポイントをクリアするように提案していけば、購入してもらえる確率は格段に高くなるというわけだ。

このように、**不意をつかれると、人は本音をもらしやすい**。だから、どうしても本心を知りたいときは、唐突に大胆な提案をしてみるのも手だ。

「その話、うちでやらせてもらえないでしょうか、部長」

「ちょっと待ってくれ、実は……」

はじめの切り込みは、「実は……」を引き出すための撒き餌なのである。

相手の口をなめらかにする「心理的感染効果」の法則

トレンドクリエーターのK氏は、まさに時流の先を読むエッジな人物だ。彼と仕事をしたことがある人間は、例外なく彼の斬新な発想と幅広い知識に舌を巻く。彼の頭の中には、膨大な量の情報が詰め込まれているようだ。それほどの情報を、いったいどうやって集めているのだろう？

「いや、秘訣なんてものはありませんよ」とK氏は言う。「でも、心がけていることはあるかな」

それは、いったい何ですか？

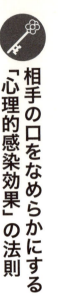

「何をやるにしても、楽しむことですよ。仕事をするときも遊ぶときも、それが楽しくて楽しくてたまらない、そう思い込む。そうするとね、面白いことに、自然と人が集まってきて、たくさんの情報を得ることができるというわけです」

周りに人が大勢集まる人は、いつも楽しそうにしている。元気で溌剌《はつらつ》としていて、常に前向きである。そういう人と触れ合うと、**「心理的感染効果」**でこちらも楽しくなってくる。また楽しい気分を味わいたいと思うから、何度もその人のもとに集まる。そうして、いつも人の輪ができるようになるのである。

たくさん人が集まるところには、当然のことながら情報も集まってくる。さまざまな分野の人が集まれば、それぞれの情報がお互いに化学反応を起こし、新しいアイデアへと昇華していくこともあるだろう。

楽しそうにしている人には人が集まり、つまらなそうにしている人には誰も寄ってこない。人が集まるところには多くの情報がもたらされ、誰も人が近寄らないところにはまったく情報が入ってこない。そうであるならば、**いつもワクワクとした気分で楽しく仕事をしているほう**がメリットは大きい。

でも、どんな仕事でも楽しく感じられるものだろうか？

「もちろん、つらいときだってありますよ。でもね、どんなつらいことでも、冷静に眺めてみれば、必ず1つや2つ楽しいこと、面白いことがあるものです。そこに注目して、楽しんじゃうんですよ」

K氏の情報収集術&仕事術、たしかに楽しそうに思えてくる。

ちょっとしたブレイクで、より深い話を引き出すコツ

インタビューの達人と言われる人がいる。その人が取材をすると、いい話、面白い話、これまで表には出てこなかった話が次々と出てきて、非常に濃密な記事になる。O氏も、自他ともに認めるインタビューの達人である。取材相手からご指名がかかるほど、その信頼は厚い。

O氏によれば、いい話を相手から引き出すにはコツがあるという。実は、取材用のテープを止めた後に、いい話が聞ける確率がもっとも高いというのだ。

テープを止めるということは、「これで取材はおしまい」という合図である。取材が終わって緊張感がほどけるからか、取材中にいろいろと話をしたことで親密感が増しているのか、テープを止めた後にそれまでとはまた違った話が聞ける場合があるのだ。

それは、ごくごくプライベートな話であったり、オフレコに類するような裏話であったりといろいろだが、ある高名な作家先生の場合は、取材中の丁寧な言葉遣いから一変し、

差別語てんこ盛りのべらんめえ口調になったという。

だが、困ったことにテープを止めた後の話題はオフレコ扱いとなるのが業界の慣例だ。面白い話だと思って再びテープを回そうとすると、「困るよ、キミ。これはここだけの話だからね」と言われたりする。

そこで、O氏は、ちょっとしたテクニックを使っている。

「取材が終盤になると、『ちょっとトイレを拝借』と言って中座するんです。もちろん、そのときはいったんテープを止めますよ」

取材中にトイレ休憩とは、受け取り方によっては失礼のような気もするが、O氏はあえて中座していたという。その理由は2つ。

「一つは、トイレで頭を冷やして、聞きもらしていることがないか確認するためです。そして、もう一つはブレイクの時間を設けることによって、取材終わりにテープを止めたときのような緊張の弛緩状態をつくりだすためです」

要するに、それまでの取材の緊張した流れを一度ストップして休憩すると、緊張がほどけて思わぬ話を拾いやすいということである。**人はホッとすると、思わず本音がこぼれ出てしまう**ものだ。

インタビューの達人が駆使する、驚きの倒置法

インタビューや対談では、相手を乗せて口を滑らかにさせ、面白い話を聞き出すのが常道だ。インタビューや対談に限らず、相手をその気にさせて、こちらの思いどおりに動かすにも、相手を乗せて、いい気持ちにさせることが重要である。

では、相手を乗せてその気にさせるにはどうすればいいのだろうか？　インタビューの達人と評判の編集者に、そのコツを聞いてみよう。

「正攻法は、『すごいですね』『それは初めて聞きました』『面白いなあ』などと、相手の話を持ち上げることですね」

そう言われると、自尊心をくすぐられていい気分になりますからね。

「それから、驚きを強調すると相手はもっと喜んでくれます。自分の話がそんなに面白いのかと思うんですね」

話を聞きながら、**「え！」とか「ウワーッ」とか「ホントですか」といった感嘆の言葉を**

織り交ぜることで、「オレの話でそんなに喜んでくれるなんて」と相手を調子づかせることができるわけだ。

「驚きをもっと効果的にアピールする方法もあります。倒置法を使って、言葉の順序をバラバラにするんです」

実際にどうやるのか解説しよう。たとえば、「本当にそんなことがあるんですか？」という驚きの言葉を使うとして、それを文節ごとにバラバラにして倒置すると次のようになる。

「あるんですか？　そんなこと、本当に」

どうだろう？　驚いた切迫感が伝わるようにならないだろうか。**言葉の順序がバラバラになることで、興奮状態を演出し、その驚きに真実味が増す**のである。

「実際に使うときは、正しい言葉の最後の部分、つまり動詞や形容詞を先に出すとバラバラ感をアピールできます。驚いた表情や身ぶりを付け加えると、いっそう効果的に相手を乗せることができるでしょうね」

バラバラ言葉で感動を演出し、相手をノリノリにして口を開かせる。ただし、あまり多用するのは禁物。日本語も満足に使えない人と思われる可能性もある。

相手に気づかれずホンネを引き出す、誘導尋問の裏ワザ

さる大手モデル・プロダクションのエグゼクティブマネージャーを務めるY子さんは、秘密を聞き出す達人だ。彼女は所属モデルたちからホンネを引き出し、適切なアドバイスをすることで絶大な信頼を得ている。なぜ、モデルたちは、彼女にホンネをさらけ出すのだろうか？

「そうね、本音を引き出すのはけっこう大変だわね。でも、ちょっとした心理テクニックを使えば、意外と簡単に本音をしゃべってくれるものなのよ」とY子さん。

そんなテクニックがあるんですか？　ぜひ、教えてください。

「ちょっとだけよ。2人で会話をしているときに、受け答えに工夫するの。聞きたい事柄に相手が触れたときには『うん、うん』って興味があるようにうなずき、これは相手の本音じゃないな、聞きたい事柄じゃないなというときには、うなずかないでいるのよ」

そんなことで、本音をしゃべるようになるんですか？

「人はね、興味を持って話を聞いてもらうと、たくさん話したくなるのよ。逆に、相手が興味なさそうだと、話す意欲はなくなってくる。だから、話を誘導したいときは、相づちと無言を使い分けるというわけ」

なるほど、これは人間心理から考えても理にかなっている。人は誰でも「承認欲求」というものを持っていて、他人に認められたいと思っている。そのため、「うん、うん、それで？　それで？」と**相手が自分の話に食いついてくると、自分が認められたように感じて**うれしくなり、もっとたくさん話して、さらに認められたくなる。その結果、**警戒心が薄れ、ついポロリと本音をこぼしてしまう**のだ。

「このテクニックのいいところはね、話している本人は誘導されて本音をしゃべったとは気づかないところね。相手は私に本心を打ち明けると、気持ちがすっきりして、私をよき理解者だと思ってくれる。そうなれば、それからもいろいろな情報を教えてくれるわ」

そうやってモデルたちの心理をつかんで、仕事に生かしてきたんでしょうね。

「ええ、表面上は仲良くやっているようでも、じつは犬猿の仲という子たちもいるの。それがわかったら、なるべく仕事がかぶらないようにセッティングするのも、私の仕事のうちね」

だんだん距離を縮めていくと容疑者が落ちる理由

アメリカの刑事向けの手引書には、尋問の際のテクニックが書かれている。それによると、尋問者は、容疑者から2〜3フィート（約60〜90センチ）離れたところに椅子を置き、取り調べを開始するよう書かれている。

そして、尋問が進むにつれて容疑者に近づいていき、最後にはひざとひざが触れ合うくらいまで近づいていくよう指示している。

これは、相手のボディゾーンに侵入して心理的な圧迫を与え、こちらのペースに巻き込もうとする尋問法である。

こんなことで容疑者が白状するのかと思うかもしれないが、人はパーソナルスペースを突破して近づかれると余裕を失い、冷静な思考ができなくなる。警察の尋問では、容疑者に「もうかなわない」と観念させることも必要だから、じりじりと近づいていくこのやり方も効果的なのだ。

ある心理学の実験では、相手にどのような頼み方をすると効果があるかを調べた。その結果、1メートルより離れた距離から頼むより、40センチ前後の近い距離で熱心に頼んだほうが受け入れてもらいやすく、また協力の度合いも高くなることがわかった。離れていると、どれほど熱心に頼んでも、なかなか聞いてくれないのである。

私たちもこのテクニックを応用できる。

人から何かを聞き出したいとき、あるいは頼み事をするとき、思い切って近づいてみよう。**相手の懐に踏み込むだけで、思わぬ効果が期待できる**のだ。

さらに、もう一歩近づき、相手に触れるところまでいってみよう。欧米人は、親しみを表すためによくハグをする。身体接触するあいさつの習慣を持たない日本人にとっては、抵抗感があるかもしれないが、握手ぐらいなら問題ないだろう。

あいさつのときに積極的に握手をしてみる。それは信頼関係を築きたいという意思表示である。身体的な接触は、好意を引き出すきっかけになるのである。

政治家が選挙中に握手してまわるのも、アイドルが握手会を開いてファンと交流するのも、親しみをよりいっそう深めていきたいからだ。そう、距離が近くなればなるほど、相手のホンネに近づいていけるのである。

ついホンネがこぼれる言い間違いを見逃さない

誰にも、ついうっかり言い間違いをしてしまった経験はあることだろう。勘違いや思い込み、うっかり忘れなどが原因だが、そこにはホンネが隠されていることも少なくない。

精神分析学者のフロイトは、言い間違いは「錯誤行為」といってその人の無意識が反映されると述べている。要するに、言い間違いは心の中の言葉が思わずこぼれてしまったもの、それを注意深く観察すれば、その人のホンネも透けて見えるということだ。

わかりやすいのは、彼氏が違う女の子の名前を呼んでしまったとき。間違いなくケンカに発展するこのシチュエーションでは、彼氏が浮気をしているか、あるいは別の女の子に心を奪われている可能性が高い。

また、気になっている女の子から、名前を言い間違えられてしまった場合、残念ながらその子はあなたにまったく興味を持っていない。あなたの名前は無意識にも刻み込まれていないほど、軽い存在であることがわかる。

子供はときに先生を「お母さん」と言い間違えることがある。それは、先生をお母さんのように信頼していることの表れと考えることができる。

あるいは、会議でA案に決定したとき、「B案……じゃなかった、A案でいいんですね」と言う人がいたら、その人は本心ではA案ではなくB案がいいと考えていることがうかがい知れる。

金曜日に有給休暇を申請したとき、上司が「じゃあ、木曜日に休むんだな」と言ったとしたら、それは金曜日に休んでほしくないというのがホンネなのかもしれない。

友達にチョコドーナッツを買ってきてもらうよう頼んだとき、「わかった、クリームドーナッツ……いやチョコドーナッツね」と友達が言ったら、友達はチョコドーナッツではなく、クリームドーナッツが食べたいのかもしれない。

このように、**言い間違いを観察してみると、その人の考えていることを知る手掛かりになる**のである。

また、自分の言い間違いにも、自分でも気づかなかったホンネが隠れている。帰って来た夫に、「行ってらっしゃい」と言ってしまった。もしかすると、心の奥底では、帰って来てほしくないと思っているのかもしれない。

大切な話を聞き出すプロのテクニック

ビジネスマンにとって、相手から聞き出す能力は大きな武器になる。どこまでなら値下げできるのか、競合会社はどんなことを言ってきているのか、契約条件のキーポイントは何なのか……このような情報を聞き出すことができれば、ビジネスを有利に進めることができると同時に、自分の評価も高めることができる。

だから、有能なビジネスマンは、それぞれ人から重要な話を聞き出すテクニックを持っている。その一端をこっそり聞いてみた。

総合商社に勤めるA氏は、「相手の話をうなずきながら聞き、核心に迫ったときは身を乗り出して聞くようにしている」という。

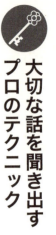

身を乗り出すという行為は、関心が高まっている証拠。**自分の話に相手が乗ってきているのがわかると、ついつい饒舌《じょうぜつ》になる**という人間心理をうまく使っているのだ。

金融機関勤務のB氏は、「相手の話に反論しないことが絶対条件」だという。相手の話がどんなに荒唐無稽でも、また前提が間違っていても、「しかし……」というのは禁物。否定されると、人は口を閉ざしてしまう。

「そのうえで共感を示すんですよ」とB氏。

「いま、うちの業界は景気が悪くてねえ」と相手が言えば、「そうですね、どこもみなさん大変なようです。それでもみなさんががんばっていらっしゃる姿を見て、私も見習わなくてはいけないと思っているんです」と理解を示すのである。よき理解者には、誰でも口が軽くなるもの。欲しい方法をとるには、相手の味方になることが大切だとB氏は言う。

一方、経営コンサルタントのC氏は、どうしても相手の本当の気持ちを知りたいときには、「質問する前に、まず自分のことを話す」という。つまり、自己開示をするわけだ。

自分の体験——それも、あまり人に話していない、本音を語ることで、相手は「この人は、自分をさらけ出してくれる」と感じる。自己開示は、信頼の証なので、相手もこちらのことを信用し、「そこまで明かしてくれるなら」と本音を語ってくれるのだ。

いかがだろうか？　ビジネスのプロは、さまざまな手法で人の口を開かせる。参考になったら、いくつか試してみて、使えそうなテクニックを磨いてみては？

心理テスト
8

20の「わたし」

紙に「わたしは」ではじまる文章を20本書いてください。

制限時間は5分です。

例　・わたしは30歳です
　　・わたしは男性です
　　・わたしは数学が得意です
　　・
　　・
　　・
　　・

【解説】

アメリカの心理学者クーニーとマックパーランドが開発した自己分析テストです。最初の5本くらいまでは、自分の性別や年齢など、比較的わかりやすい自分が出てきます。

10本目くらいから特徴や長所、願望など、意識の上層にあるものが、15本目くらいから自分の無意識にあるものが出てきます。

自分も知らなかった、心の奥底にあるものに気づくきっかけになるでしょう。

STEP 9

なりたい自分をつくる自己暗示マジック

まばたきがもたらす印象を逆手に取って信頼感を得る方法

「目は口ほどにものを言う」とはよく言われることだが、刑事が容疑者を取り調べるときにも、目は証言の真偽を判断する際の重要なポイントになるという。「落としの名人」とうたわれたH氏が注目していたのは「まばたき」だ。

取り調べの際には、さまざまな話題を容疑者にぶつけて証言を引き出していく。そこで矛盾点を見つけ、問いただしていくわけだが、そのとき容疑者の様子をよく観察し、まばたきの回数が多くなった話題に何かあると狙いを定め、突っ込んだ質問をしていくというのである。

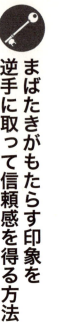

まばたきが多くなるのは、緊張したり、不安になったりしているからで、**動揺を悟られまいとすればするほど、まばたきが多くなり、内心の焦りがよく見える**、とH氏は言う。

実際、容疑者は話題が事件の核心に触れるとまばたきが多くなるし、当初はまったくノーマークだった参考人のまばたきの多さに疑問を持ち、よく調べてみると証言の矛盾が出てきて、厳しく追及すると犯行を自供したというケースもあるらしい。

心理学でも、**緊張するとまばたきが多くなる**ことは実証されている。アメリカの心理学者トエッツは、米大統領選の討論会で候補者のまばたきの回数を数え、視聴者に与える印象を予測した。そして、トエッツの予測通り、まばたきを多くした候補が敗北した。

まばたきが多いと、「せわしない人」「頼りない人」という印象を与える。とくにまばたきの回数を数えていなくても、無意識にそう感じるのである。強力なリーダーシップが求められる米大統領に、頼りない人物はふさわしくないと有権者は判断したのだ。

このことを知っていれば、さまざまな場面で応用がききそうだ。

たとえば、商談の現場で、お客さんに突っ込んだ質問をされ、たじろいでしまったときは、緊張のあまり、きっとパチパチとまばたきを繰り返していることだろう。その様子を目にしたお客さんは、頼りないと感じ、買う気が失せてしまうかもしれない。

そんなときは、意識的にまばたきを我慢してみるのも手だ。まばたきを極力しないようにして、緊張した心理状態を相手に悟られないようにするのだ。

そうすれば、自信を持って商品を勧めているという印象を与えることができ、相手の信頼感もアップするだろう。

ホームアドバンテージを利用して、自分の弱気をフォローする

なかなか強く出ることができず、いつも相手のペースにはめられてしまう。言いたいことを口にすることができず、黙ってしまう。相手の言い分に反論できず、いつも言いくるめられてしまう。

そんな弱気な自分に愛想をつかしている人もいるにちがいない。

どうして、もっと強気に出ることができないのか。強気とはいわないまでも、普通に対応できるくらいにはなりたい。そんな人に、心理カウンセラーのドクターX氏がアドバイスしてくれる。

「すぐに弱気になってしまう人は、緊張しやすい性格なんです」とドクターXは言う。

弱気を克服するいい方法はないものか？

「弱気な人を強気な人に大変身させるのはむずかしいですが、緊張状態をやわらげて、平常心に近づけることはできますよ。たとえば、**ホームアドバンテージ**を利用するんです」

ホームアドバンテージとは、**本拠地で試合を行うときの優位性**のことだ。たとえば、プロ野球の広島東洋カープは、ホームグラウンドであるマツダスタジアム（広島市民球場）で圧倒的な強さを誇る。熱狂的な広島ファンの応援がバックアップしてくれると同時に、慣れ親しんだ環境で安心してプレーできるからである。

「どんなスポーツでも、本拠地ではホームチームが強いものです。地元の利というのは、確かにあるんですよ。それはスポーツだけではありません。ビジネスでも日常生活でも、ホームアドバンテージを利用することはできるのです」とドクターX氏。

たとえば、苦手な人と会うときや交渉を行うときは、自分の行きつけの店など、よく知っている場所で行うようにする。自分の慣れ親しんだ場所なら、リラックスとまではいかなくても、**平常心に近い状態で相手と向き合う**ことができる。たったそれだけのことでも、弱気の虫を封じ込める効果はある。

「どうしても、行きつけの場所をセッティングできないときは、心を落ち着かせるモノ、たとえばリラックスしたいときに使っているハーブなどの匂いを嗅ぐのも効果がありますよ。ホームに近い環境にするんです」

普段から、これをやれば落ち着けるというものを用意しておくといいかもしれない。

緊張を解くヨーガの呼吸法

緊張したり、気後れしたりすると、自分の実力を100%発揮することはできない。それはスポーツでもビジネスでも同じことである。緊張は精神的、肉体的な萎縮を引き起こし、十分なパフォーマンスができなくなってしまうのだ。

たとえば、大事なプレゼンテーションで緊張してあがってしまい、うまくいかなかったという経験はないだろうか。社内の会議でしどろもどろになって、失笑を買ったことはないだろうか。

人から注目を浴びる状況が、よけいに緊張を高め、平常心を失わせる。そうならないように、**心を落ち着かせる自己暗示のテクニック**を覚えておきたい。簡単なのは、**ヨーガの呼吸法**である。

呼吸は自律神経に支配されており、自律神経は情緒にも大きく関係している。緊張が高まると自律神経が乱れ、呼吸が浅くなることがわかっている。そこでヨーガの呼吸法の登場である。呼吸を整えることで自律神経をコントロールし、心の落ち着きを取り戻すのだ。

それでは、ヨーガ・インストラクターのA美さんに、簡単なヨーガの呼吸法を教えてもらおう。

「かための椅子に背筋をのばして座ってください。その姿勢のまま、息をゆっくりと口から吐き出していきます。全部吐き出したら、1～2秒息を止めます。お腹の力を緩めてください。鼻から自然に息が入ってくるのがわかりますか？　胸を広げて空気をいっぱい取り込みましょう。胸いっぱいに吸ったら、また1～2秒止め、ゆっくりと息を吐き出していきます。これを繰り返すと、スーッと気持ちが落ち着いて、体に力がみなぎるのがわかりますよ」

ヨーガの呼吸法によって呼吸を整えると、自律神経が正常になり、血圧が落ち着いて血液の循環もよくなる。**精神も安定して、緊張でがちがちになった心をほぐすことができる。**

1～2分集中して行いたいので、プレゼンや会議の直前、トイレの個室で呼吸を整えてみてはいかがだろうか。驚くほど、落ち着きますよ。

上機嫌のふりをしているだけで本当に上機嫌になる

心と体は表裏一体と言われるが、実際に心が不調のときは体にも何かしら異変が表れやすく、体の調子が悪いときは、なかなか元気も出てこない。みなさんも、実感していることだろう。

これは、心の動きを操作できることを示している。

メンタルトレーナーのＯ氏は、心と体の一体性を説く。

「スポーツでは、よく大声を出したり、掛け声をかけたりするでしょう。あれは意味のない行為ではありません。声を出すことによって、気合を入れたり、気持ちを引き締めたりすることができるんです」

ということは、落ち込んだ気持ちを引き上げることもできると？

「もちろんです。気分が落ちてどうしようもないときは、わざと快活にふるまってください。不思議と気分も晴れてきますから」

でも、落ち込んだときに明るくふるまうことなんてできるかなあ？
「ふりでいいんですよ。上機嫌なふりをするんです。わざと笑ったり、明るい表情を作ったり。もちろん、はじめはぎこちなくて違和感があるでしょうが、それでもいいんです。それを続けていると、気持ちの明るさを取り戻せるんですよ」

気持ちが落ち込んでいるときに、暗い表情でため息ばかりついていると、ますます気分は沈んでいく。マイナスの気持ちにマイナスの気分を重ね合わせて、マイナスのスパイラルになってしまうのだ。

そういう状態になるのを食い止めるために、わざと明るくふるまうのである。**明るい行動を意識的にとる**というのは、自己暗示を強化する効果もある。

快活にふるまうことで、**「自分はこんなことぐらいでは落ち込まない」「これぐらい何でもない」という暗示を自分自身に信じ込ませる**のである。

「そんなことで本当に気分が晴れるかと思うかもしれません。でも、落ち込んだときにスポーツなどをして体を動かすと、悩んでいることが馬鹿らしくなったりしませんか？　苦しいからこそ、快活に、軽快に体を動かして上機嫌にふるまうべきなんです」

気持ちがマイナスなら、行動はプラスへ――それが気分アップのコツである。

反省の棚上げでマイナス思考とさよなら

「自分の思い描いたように行動できない人は、ちょっとした失敗でクヨクヨを引きずってしまう傾向が強いと思います」

心理カウンセラーのドクターXはそう言う。

どうしてクヨクヨしてしまうのかというと、反省のしすぎに問題があるという。要するに、あまりにも完全を求めすぎる気持ちが、かえって失敗に対する過度な怯《おび》えを生んでいるというのだ。

日本人で二人目のフィールズ賞（数学界のノーベル賞といわれる）を受賞した数学者・広中平祐氏も、反省しすぎることの弊害について述べている。

「子供は溌剌《はつらつ》としているのに、歳を取るにつれてしょんぼりしてしまう。それは、すぐに反省するからだ。反省は自分のエネルギーを打ち消してしまう」

とはいっても、われわれは「反省は美徳だ」と教えられてきたし、失敗を反省する習慣

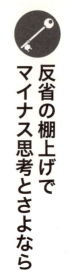

を簡単に捨てることはできない。また、「反省しないことは、うぬぼれにつながる」という人もいる。どうしたらいいのか？

「反省自体は悪いことじゃありません。成長のために必要なことでもあります。ただし、過度な反省は自分の手足を縛ってしまう原因になるんです」とドクターX。

言葉ではわかるが、反省をしないって……。

「そういう人は、反省の棚上げを自己暗示にかけましょう」

失敗したら、とりあえず「考えることをやめ。保留しておこう」と自分自身に暗示をかけるのである。反省をしないのではない。現段階では、棚上げしておくということだ。

棚上げした反省は、時間が経つと忘れられていきそうだ。それでいいのである。忘れてしまうような反省は、もともとする必要のなかった反省だ。**棚上げしてもずっと心の片隅にくすぶり続けている反省は、今後の糧《かて》となる貴重な反省**である。教訓として胸に刻んでおけばいい。

「やる気を高めてくれるのがいい反省、次に一歩踏み出すことをためらわせるような反省は、じつはしなくてもいい反省なんですね。反省するんだったら、クヨクヨばかりすることを反省したほうがいい」とドクターXは言う。

成功する言葉 失敗する言葉

言霊《ことだま》とは、言葉に宿る霊力のことである。たとえば、「口にした言葉は現実化しやすい」とか「良い言葉には良い影響があり、悪い言葉には悪い影響がある」といわれるように、言葉には特別な力があり、それは私たちの行動を左右すると考えられている。

「言霊は、実際にありますよ」

と言うのは、ベンチャーキャピタルを運営するN氏だ。N氏は、これまで数多くの起業家たちと出会い、成功する人、失敗する人を間近で見てきた。

「ぼくは事業内容より、経営者の人となりを重点的に見る。やっぱり成功する人は、成功するべくして成功すると思うし、失敗する人は失敗するだけの理由が人となりにあるね」

どういうところ見るんですか？

「端的に言えば、言葉だよ。成功する人は成功する言葉を使い、失敗する人は失敗する言葉を使う。言霊の力を信じているかどうかの違いということもできる」

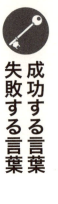

N氏によると、失敗する言葉の代表格は、「どうせ」「しょせん」「やっぱり」。「どうせ、オレは能力が足りないんだ」「しょせん分不相応だったんだ」「やっぱり無理だということだね」……こんな言葉が出てくるようだと、成功はおぼつかないという。

言霊があるかどうかは別にして、心理学的にもこれらの言葉が負の影響力を及ぼすことは明らかだ。これらの言葉は、考えることを放棄し、自分を否定する。行き着くのは、何をやってもダメという結論しかない。**このようなマイナス言葉を使っていると、やる気や思考力がどんどん失われてしまう**。

「嫌だ」「疲れた」「つらい」「苦しい」「不幸だ」「ついてない」……こんなマイナス言葉ばかり口にしていると、なりたい自分になることはできない。

「うれしい」「楽しい」「ついてる」「ありがとう」「素晴らしい」「できる」「いける」というプラス言葉を意識して使ってみよう。

プラス言葉は力を与えてくれる言葉、マイナス言葉は人を嫌な気持ちにさせる言葉。マイナス言葉を使わず、**プラス言葉を使うように心がけるだけで、自分のやる気を高める自己暗示となる**のである。

チャーチルも使っていた鏡のトリックとは

米大統領選挙では、候補者は演説や討論に向けて入念なリハーサルを繰り返す。どういう態度が有権者に頼もしいと映るか、どんな受け答えが望ましいか。それこそ表情から目線、手の置き方まで細かくチェックして本番に備える。演説や討論にのぞむ候補者は、すでに何十回もリハーサルをこなしているので、本番では緊張することなく、自分の魅力のアピールに専念できるのだ。

大統領選挙ともなると、膨大な数のスタッフがいて、それぞれの専門の立場からアドバイスするが、私たちはそうはいかない。緊張する場に赴くときも、自分ひとりで対処しなければならない。

そんなとき参考になるのが、第二次世界大戦時にイギリスの首相を務めたチャーチルの行動だ。彼は議会での演説の前に、必ず鏡に向かってリハーサルを行っていたという。チャーチルといえば、豪放磊落《らいらく》なイメージだが、そんな彼でも人前で話をする前には、リハーサルを繰り返し、細かな準備を行っていたのである。

チャーチルのリハーサルは、鏡に全身を映して行われた。自分の話す姿がどう映るか、表情までくまなくチェックするためである。けっして人の目には触れない下準備の上に、チャーチルの自信に満ちた演説は成り立っていたのである。

鏡を使ったリハーサルの目的は、自分の姿をチェックすることと、何度も疑似体験を積むことで本番での緊張感を取り去ることにあるが、もう一つ重要な効果を持っている。

それは、自己暗示である。

鏡に向かって、「自分はきっとやり遂げられる」「観衆から喝采《かっさい》を浴びる」と望む姿を口にして自己暗示にかけるのだ。自信に満ちた自分、強い意志を持った自分をイメージに焼きつけることで、本番でもそのようにふるまうことができる。

この自己暗示テクニックは、私たちにも役立つ。チャーチルがやったように、**緊張する場面に臨むとき、自分のありたい姿をイメージし、自己暗示をかける**のである。

このとき気をつけなければいけないのは、きちんと声に出して言うことだ。鏡に映った自分がしゃべる声を自分の耳でしっかり受け取ることによって、暗示効果はいっそう高まるのである。

よく遊ぶ人ほど仕事ができる理由

「遊ぶ人ほど仕事がよくできる」と言われる。

たしかに、ビジネスの世界で成果をあげている人は、仕事一辺倒ではない。仕事以外に自分の趣味を持ち、しかも遊びでちょっとやっていますというレベルではなく、玄人《くろうと》はだしの腕前を持つ人も少なくない。

あまりに仕事ばかりしていると、思考が硬直化して柔軟な発想ができなくなることは理解できる。仕事とは関係ない「遊び」を入れることで、気分がリフレッシュされ、集中力や発想力が高まる効果が期待できることもわかる。

でも、よく遊び、よく仕事ができる人がいる一方で、遊びもそこそこやっているのに仕事にその恩恵が及んでいない人もたくさんいるように思える。

この違いは何だろうか？

「それはね、仕事のできる人たちは、遊びも全力でやるからですよ」

と言うのは、投資家のＦ氏である。海外の金融機関で稼ぎ、若くして投資家として独立、将来有望なベンチャー企業を中心に投資している。海外セレブとの親交も深く、金融ビジネスのプロであると同時に、ヨットや狩猟、小型飛行機の操縦など多彩な趣味を持つ粋人でもある。

「金がかかる遊びか、そうでないかは関係ない。遊び方の問題なんです。**気分転換の上手な人は、遊ぶときには仕事のことを一切考えない**。頭の中から完全に締め出してしまうんです。言い換えれば、趣味の世界にどっぷりはまる。だから、プロ顔負けの腕前になる人もいるんです」

なるほど、それほど趣味にも力を入れているわけか。

「それに対して、遊びの効果が出ていない人は、遊ぶときも仕事が完全に抜けていない。遊んでいながら頭の片隅では仕事のことを考えていて、『あれでよかったのか』『この問題にはどう対処しようか』と頭を悩ませています。挙句の果てに、世に出回っている楽しい遊び情報と自分の状況を見比べて、『ああ、自分は遊びでもダメだな』なんて考える。これでは、マイナスの自己暗示をかけているようなものですよ」とＦ氏は言う。

仕事も遊びも真剣勝負。その姿勢が、高い集中力と非凡な発想力の源泉のようだ。

失敗したら大いに負け惜しみを言おう

失敗してもまた立ち上がる人と、再起できない人の違いは何だろうか？

「マイナスの自己暗示をかけるかどうかですよ」

と言うのは、メンタルトレーナーのO氏だ。

「失敗してもすぐに立ち直る人は、一時ガクンと落ち込んでも、すぐにケロッとしています。一度反省したらもう終わりと割り切った考え方ができるからです。でも、なかなか再起できない人は、一度の失敗でも『オレはなんてダメなんだ。このまま浮かばれないのか』と思い込んでしまうんです。マイナスの自己暗示を刷り込んでいるんですね」

そういうことか。そんなマイナスの自己暗示を吹き飛ばす方法はないのだろうか？

「大いに負け惜しみを言うことですね」

O氏は、そう断言した。

「負け惜しみって、あんまりいいイメージないでしょ？」

まあ、負け犬の遠吠えというか、ダメなヤツがするっていうイメージですね。

「そうなんですけど、負け惜しみをいうことで、ダメだった原因を他になすりつけることができるから、必要以上に落ち込まないという効果もあるんですよ」

そうか、遠吠えも悪くはないのか。

「これを心理学では**『すっぱい葡萄《ぶどう》の理論』**といいます。望んでも手に入らなかったものは『なんだ、あんな葡萄はすっぱくて食べられないよ』と思えば、**悔しさも半減し、気分がラクになる**んですよね」

でも、「すっぱい葡萄の理論」に頼り切っていいのでしょうか？

「いいんです。『自分はダメだ』とマイナスの自己暗示をかけるより、よっぽどましです。だいたいどんなことでも、アタリがあればハズレもある。運やタイミングの問題もある。一人の責任なんてたかが知れていますよ。ダメだったら、今回は時期がよくなかった。次いこ、次いこ、でいいじゃないですか」

そう考えれば、たしかに気はラクになる。失敗の責任は、自分ではない誰かに押しつけてしまおう。たとえば、「上司が無理な条件を付けてきたからだ」など。もちろん、上司の耳には入らないようにですよ。

完了形を駆使して自己暗示をかける

この章の最後に、自己暗示を上手にかけるコツをお教えしよう。

それは、願望をそのまま思うのではなく、**願望がすでに達成された状態を思い描く**ということである。

たとえば、「営業成績でナンバーワンになりたい」という願望を持っているとしよう。

それをそのまま「営業成績でナンバーワンをとりたい」と思っても、残念ながらあまり効果はあがらない。

「お金持ちになりたい」とか「すてきな恋人がほしい」というのも同様である。

では、どのように自己暗示にかけたらいいのか。

完了形を使うのである。「営業成績でナンバーワンになりたい」という願望なら、「自分は営業成績ナンバーワンをとって、みんなから祝福を受けている」姿をイメージし、頭に焼きつけるのである。

「お金持ちになりたい」という願望なら、豪華なヨットを操縦してクルージングを楽しむ姿を思い描く。「すてきな恋人がほしい」なら、「彼氏とラブラブ生活で、とっても幸せ」だと言葉にする。そう、すでに自分が願う状態になっていて、それを満喫している状況をイメージするのがポイントなのである。

「手触りとか匂いとか、より現実的で具体的なものをイメージすると、さらに自己暗示の効果は高まりますよ」

そうアドバイスしてくれるのは、心理カウンセラーのドクターX氏だ。

「脳は、現実とイメージを区別できない。だから、できるだけリアルにイメージするほど、そうなるような行動をとりやすいのです」

「シュブリエールの振り子」という心理実験がある。糸に結んだ5円玉をたらし、「右に回れ」というと右に回りだす。「逆に回れ」というと本当に逆に回る。これは、自分では動かしていないつもりでも、自己暗示を受けた脳が、そう動くように手の筋肉に命令を出しているのである。つまり、自己暗示を受けた脳は、イメージを実現するように動きだすのだ。

その効果をもっとも強化するのが、完了形のイメージ。**なりたい自分になったあなたを具体的にイメージしたとき、成功の扉が開かれる**のである。

心理テスト
9

パーティーが始まるよ

あなたはパーティーを主催することに。盛り上げるためにさまざまな趣向を凝らします。もっとも力を入れているのはどれですか？

①プレゼントやとびきりのごちそうでもてなす
②みんなが参加できるゲームや催しを企画する
③凝った飾りつけで、ムードを盛り上げる
④コスプレ用の衣装を用意する

【解説】あなたにとって大切なものがわかります。

①を選んだ人……目ではっきりと見えるものに満足感を得ます。そういう人が大切に思っているものは、「お金」です。お金を持っている異性に魅力を感じるのもこのタイプです。
②を選んだ人……コミュニケーション上手。人とのつながりや愛情を大切にしています。ただ、コミュニケーションが崩れると、その反動で相手をひどく嫌ってしまう面もあるようです。
③を選んだ人……ロマンチックなことが大好き。夢や希望が大切だと思っています。でも、夢見るばかりでそこに現実感がともなわないと、たんなる妄想癖になってしまうことも。
④を選んだ人……自分をもっと大きな存在として見てもらいたいという願望を持っています。努力家ではありますが、地位や名声を求める上昇志向が強すぎて空回りしてしまうことも。

STEP 10

部下の心を掌握するリーダーシップ心理学

人を思いどおりに動かす「ラベル貼り」の効果

ある人材派遣会社の派遣社員はクオリティが高いと評判になっている。仕事はもちろん、挨拶や受け答えもしっかりしたもので、人間関係も良好だ。どうやったら、そのような人材をそろえることができるのだろうか？

この会社では、厳しい研修ではなく、自己啓発的な研修をしているという。多くの場合、教育研修は上から下へものを教える形になってしまう。「こうしなさい」「ああしなければいけない」という説教型になる。

「でも、今の若い人はそれじゃあダメなんだよ。こちらが伝えたいことがまったく伝わらない。説教されずに育ってきた世代だからね」と言うのは人材育成担当のI氏。

では、やるべきことを教えるには、どうしたらいいのだろうか。

「ラベルを貼るんですよ。『あなたは、仕事もそつなくこなし、周りともうまくやっていけるきっちりした人間だ』ということを繰り返し伝えていく。そうするとね、潜在意識に『自分はきっちりした人間だ』ということが刷り込まれて、実際にそうなっていくものなんです」

心理学の実験でも、ラベル貼りの効果は確認されている。小学校のあるクラスでは、「このクラスはみんなきれい好きね」「ゴミを散らかさないのね」と常に話しかけた。別のクラスでは、よくやられているように「ゴミを散らかすな」ときつく言い渡し、それでもゴミを散らかした生徒には「コラ、どうして散らかすんだ」と説教をした。

その結果、きれい好きというラベルを貼ったクラスでは8割の生徒がきちんとゴミ箱にゴミを捨てるようになったが、説教でゴミの散らかしをやめさせようとしたクラスではわずか4割の生徒しかゴミ箱に捨てるようにならなかったのである。

説教や権威による教えは、どうしても反発心を生む。そのため見られていると教えられた行動をとるが、そうでないところでは教えを無視した行動をとりやすい。しかし、**ラベルを貼ると素直に受け入れやすくなり、自然に行動がラベルどおりになっていく**のだ。

さて、部下が思いどおりに育ってくれないと怒鳴り散らしているあなた。「なぜ、こんなこともできないんだ」「どうして、こんなミスばかりするんだ」という叱り文句は、もしかしたら、マイナスのラベルとなって部下に貼り付いているのかもしれませんよ。

部下がどんどん伸びる期待のかけ方とは

企業をとりまく環境は厳しくなっているが、東京都内にある某中小企業は、事業規模はそう大きくはないが、毎年黒字を積み上げ、従業員も増やしている。しかも、この企業がユニークなのは、採用する社員を試験や面接ではなく、来た者順で採用している点だ。

「せっかくうちに来たいと言って来てくれたんだから、追い返すなんてできないだろ」

と社長は笑う。

学歴も過去の実績も不問で人材採用をしているにもかかわらず、その会社は業界屈指の技術力を誇り、多くの優秀な技術者を育てている。そこには、何か秘密があるはずだ。

「秘密なんてないよ。人の潜在能力ってのは無限なんだ。要は、それを引き出してやるか、埋もれさせるかだけ。強いて言うなら教えているというよりも、期待をかけることかな。何かを達成したら、それがどんなに小さなことでもほめて、『おまえはもっとできるはずだ』って、どんどん高いレベルに挑戦させるんだ。うちでやっているのは、そんなもんだよ」

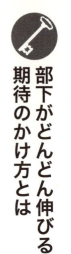

いやいや、これは案外理にかなったやり方かもしれない。期待をかけると、人は伸びるという実験結果も出ている。

ある学校の先生に、「この生徒はできる」「あの生徒は普通」と、生徒を2つのグループに分けて伝えた。実際は、成績にはまったく関係なく、任意に選んだグループ分けである。そして、1年後の成績を見てみると、「できる」と言われたグループの生徒の成績は著しくあがり、「普通」と言われた生徒の成績はそれほど上がらなかった。

なぜ、こうしたことが起きるかというと、先生が教えられたとおりに「この生徒はできる」と思い込み、大きな期待をかけたからだ。期待されていることは、先生の言葉や行動から感じ取ることができる。生徒はそれを敏感に感じ取って、期待に応えようと努力したのである。

このように、**人は他人から期待されると、その期待に沿いたいと願う**傾向がある。そして、期待を実現すべくがんばろうとするのである。

「新人が伸びないなんて言っている企業は、教えてるヤツが悪いんだよ」

と社長は断言する。耳の痛い言葉である。

叱り方のうまい人はこのタイミングでカミナリを落とす

某プロ野球球団のマネージャーは、仕事柄、数多くの監督やコーチと接してきた。彼の目から見て、いい指導者とはどんなタイプなのか聞いてみた。

「そうだね。とくに3年前までピッチングコーチを務めていた○○さんは、すばらしい人だったね。人格者だったし、人の使い方をよく心得ていた。ピッチャーは、我の強い人間が多いから、ちょっと注意すると、むくれちゃうのよ。でも、○○さんは毅然としていたなあ。現役時代はそんなに成績あげてないけど、選手におもねることなく話をしていた。ふだんは怒らないいんだが、ときどきガツンと叱るんだ」

どうやって叱るのだろうか?

「大きなカミナリを落とすときはね、翌日そのピッチャーがベンチに入らない日、しかも帰る直前に呼び出して叱るんだ。これは、さすがだと思ったね。翌日に顔を合わせると、叱ったほうも叱られたほうもよそよそしくなってギクシャクするだろう。でも、そういうタイミングで叱ると2、3日は顔を合わせない。叱られた選手も、冷静になって考える時間があるから、どうして叱られたかを客観的に反省することができるんだろうね。だから、次にコーチと顔を合わせても、ふてくされた態度もとらないし、無視するということもない」

冷却期間というのは大事ですからね。

「そういうこと。そこまで周到に考えて叱るコーチだったからね、ピッチャーたちからも信頼されていたよ」

叱るという行為は、本来相手が誤った行動をとったために、それを修正しようとするものだ。つまり、目的は行動の修正であり、相手をやり込めることではない。やり込めても行動が修正されなければ、その叱り方は効果を持たないのである。

どうすれば、行動が修正されるか。そのために、もっとも効果的な叱り方はどういうものか。それを突き詰めて考えた結果が、**休みの日の前に大きなカミナリを落とす**という方法なのだろう。

ビジネスの世界でいうなら、部下を叱るには、さしずめ週末の帰宅直前がベストタイミングだということになる。ただし、上司のほうが、そこまで叱るのを我慢できるかどうか、それが一番のネックだろう。

脅しの効果を倍増させるこの一喝のタイミング

もし、帰宅したときに、家に忍び込んでいる泥棒を発見したら、あなたならどうするだろうか?

決して、その場で「コラッ、何やってんだ!」と怒鳴りつけてはいけないという。不意をつかれた犯人に居直られ、危害を加えられる恐れがあるからだ。

携帯電話を持っているなら、家の外でこっそりと警察に通報するのがいちばん。あるいは、泥棒がひと仕事を終えて一歩家の外に出たときに、「コラッ」と怒鳴りつけるのも効果がある。

やはり泥棒という行為は緊張の連続。だから、**ひと仕事終えるとホッと緊張がゆるむ**。そういうときに、「コラーッ」と一喝されると、**驚きの効果は倍増される**のである。気の弱い泥棒なら、ヘナヘナと腰を抜かしてしまうこともあるし、たいていはすっ飛んで逃げて行く。でも、深追いは厳禁。危険なので、あとは警察に任せよう。

「この手は、部下の教育にも使えるんだ」

そう言うのは、某商社の人事課長を務めたC氏だ。

「上司は、部下になめられたら終わり。どこかで上司にたてつくことはできないと思わせなければいけないだろう？　そこで、相手の気のゆるみに乗じて脅かす心理テクニックを使うのさ」

どういうふうに使うんですか？

「部下にお説教するとき、一度怒りの矛《ほこ》を収めたように見せかけて『まあ、キミたちの気持ちもわからなくはないが』と同情するそぶりを見せる。まあ、だいたいはホッとして『よかった、こっぴどく叱られなくて』という表情をするよ。そうして、部下の緊張がゆるんだところを見計らって、『だが、これは見過ごすことはできんよ。どういう結果になるか、わかっているのか』と怒鳴りつけるんだ」

なるほど、脅しの効果は高いですね。

「これで、この上司は怒らせたら怖いという印象を植えつけることができる。何事も最初が肝心なんだよ」

熱意にほだされたふりをして、まわりの士気を操る

テレビドラマでは、若手社員が企画を練り、上司に直談判すると、その熱意に負けて「そこまで言うなら、やってみろ」と上司が全面的なバックアップを約束するシーンを見かける。しかし、現実では、下の人間が持ってきた提案が簡単に容認されることはまずない。「こんなものが実現できるわけがないだろう」と一蹴されるのが常である。

某商社のＹ君が、若手社員たちがまとめた企画を手に、「絶対に成功させます。ぜひ、やらせてください」と課長に詰め寄ったときも、結果はもちろんＮＯだった。課長は首をたてにふらない。それでも、Ｙ君はあきらめず、事あるごとに再考をお願いした。

「自信があります。すでに取引先には内々に話をしていて、協力をとりつけているんです。どうかお願いします」

課長は、しばし目をつぶって考え込んだ。

「キミの熱意には負けたよ。わかった、やってみたまえ」

Y君たちは、小躍りして喜んだ。Y君はこの経験によって、熱意こそが人の心を動かすとの思いを新たにしたが、果たして本当にそうだろうか。Y君は、課長が「わかった、やってみたまえ」と言ったときに、意味ありげにニヤリと笑ったことに気づいていない。

課長にとっては、Y君とのやりとりは計算ずくのものであった。「ダメだ」と何度か、突き返す。熱心に取り組んだものであるなら、部下たちは反対にもめげず、何度も了解を迫ってくるだろう。そして、部下たちの気負いが頂点に達した頃を見計らって、「キミの熱意には負けたよ」と了承するのである。

反対のあとに、熱意にほだされたふりをして了承すれば、部下たちも士気はさらに高まり、仕事に対するモチベーションが上昇するのは間違いない。目の色を変えて仕事をするだろう。それに、「課長は、やはり話のわかる人だ」という信頼感も植えつけられるに違いない。

そして、これがもっとも重要なことだが、**一度は反対したという事実を残すことができる。**もし失敗したら、「だから、私ははじめに反対したんだ」と保身の材料に使うこともできるのだ。ある程度の責任は免れないが、部下と一蓮托生《いちれんたくしょう》は避けることができるだろう。そこまで計算しての「キミの熱意には負けたよ」なのである。

部下の競争心をかき立てるネーミングの効果

ある食品会社の営業は、二人一組のチーム制で営業成績を競っている。しかし、近頃の若手社員は競争心が乏しく、ライバルに負けないようにがんばるという意欲が足りない。結果、全体の営業成績も低迷していた。

ところが、とある作戦を取り入れたことで様相は一変。どのチームも営業成績を上げようと必死に努力するようになった。その作戦とは……チームに名前をつけること。それも、レッドソックスやヤンキース、マリナーズといった大リーグのチーム名をつけるというものだ。

そんなことで、若手社員が動かされるのか？　と思うかもしれない。しかし、実行してみると、あれほどやる気を見せなかったチーム対抗戦がみるみるうちに活性化していったのだ。

若手社員たちは自らスコアボードを作成してチーム名を入れ、

「ようし、これでオレたちの逆転。3ランホームランだな」

「バカ、オレたちはいま手堅くバントで送る戦法なんだ。これで一打が出れば、また逆転だよ」

などと言い合って、チーム戦を楽しんでいる。その結果、営業成績もみるみる上がり、この食品会社の業績は急上昇していったのだ。

このことからわかるように、**人は名前、ネーミングに心理的影響を受ける**。この場合は、大リーグでしのぎを削るチームの名前を取り入れたことで、大リーグの激戦が若手社員にイメージされ、自分たちもゲームを楽しむ感覚でチーム競争を受け入れるようになったのだ。

人はそんな単純なものか、と思われるかもしれない。しかし、これは心理学の実験でも確かめられている。アメリカで行われた実験では、模擬裁判で被告の名前によって有罪宣告率が大きく異なるという結果が出ている。**実在の有名な連続殺人犯に似た名前であるほど、有罪になる確率が高くなった**のである。

部下のやる気を高めたいなら、競争心が湧くような名前をつけたらどうだろう。ただし、若手がピンとくるものでないと効果はない。

どんな仕事にもやりがいを持たせる巧妙な目標の立て方

ある会社では、コスト削減が緊急課題だった。小さなことから積み上げていこうと、使わないときはトイレの電気を消すことや、冷暖房の設定温度の調整、コピー用紙は不用書類の裏を使うことなどを申し合わせた。ところが、社員たちは取り決めを守らず、なかなか効果が上がらなかった。

一計を案じた社長は、会社をあげてエコ活動に取り組むことを宣言した。地球環境にやさしいエコ企業になることを目標として掲げ、全社員に意識の改革を求めたのである。

すると、どうだろう。以前は口が酸っぱくなるほど「電気を消せ」「暖房の設定温度を下げろ」「備品はムダなく使え」と言っても効果がなかったのに、エコを前面に出すとみるみるうちにコスト削減効果が上がり、目標数値を達成してしまったのである。

なぜか。**人は崇高な目的や大義名分を掲げると、説得に応じやすくなる**からだ。「地球環境」という大きなテーマを前面に打ち出すことによって、社員たちに協力しようという気を起こさせた大義名分の効果である。

もちろん、もう少しダーティに使うこともできる。ある会社の総務課は、暮れの時期になると多忙をきわめる。取引先に年始のお祝い品や年賀状を出すために、住所録の整理をしなければならないからだ。取引先の相手は、年によって部署や役職が替わる。それを一つひとつ調べて住所録を訂正していく。課長を含めてわずか三人の人員ではとても間に合わない。

総務課長は策を講じた。営業部の新入社員たちに声をかけたのである。もっとも、ただ住所録の入力を手伝ってくれないかと持ちかけてもイヤな顔をされるだけだ。そこで、

「入社四年で新規プロジェクトのリーダーに大抜擢されたAくんを知っているだろ。あれは、相手企業の部長からのご指名だったんだ。彼が部長と仲良くなったそもそものきっかけは、数年前に住所録の整理を手伝って、取引先企業の権力構造を熟知することができたからなんだ。長い目で見れば、きっとキミの役に立つよ。どうだい、やってみるかい?」

とささやいた。

大義名分を与えれば、つまらない仕事にもやりがいを感じる。そのことを総務課長は熟知しているのだ。

不満分子を飼いならす、とっておきの方法

組織には必ず、上の言うことに文句をつけたがる不満分子がいる。「これやって」と頼んでも、「なんで自分が?」となかなか動かない。ほとほとやっかいな存在だ。

「そんな人でも自分から動いてくれる、いい方法がありますよ」とニッコリ笑って教えてくれるのが、地域のシルバーボランティア団体を束ねる、NPO法人代表のSさんだ。

「シルバーボランティアには歳を取っているだけに、いろんな人がいますからね。妙にプライドが高くて、『なんでお前の指示を受けなきゃならないんだ』と文句を言ったり、『あんな怠け者と一緒に組むのはイヤだ』と、仕事をする人の選り好みをしたり……」

そんな人に効果的なのが、何か役職を与えることだという。

「子供も、そんなもんでしょ。『お風呂掃除して』というと嫌がるのに、『もう6年生になったんだから、お風呂掃除は、これからあなたに任せるわ』と言うと、案外、責任を持って毎日やるようになる。同じことを、文句ばかりつける人にやらせるんです」

たとえば、ある公園清掃のボランティアをやるときだ。その人に、「このエリアをお願いします」ではなく、「今日の公園清掃は、あなたにまとめ役をお願いします」と、全体の責任者を頼んでしまう。責任者を任せられるとなると、いいかげんなことはできない。不平不満を言っている場合でもない。どうすれば、うまく清掃できるかを考え、それなりの割り振りを考える。自分で考えた割り振りだから、当然、不平不満を言うはずがない。

最初は慣れないまとめ役にとまどうこともあるが、Sさんが「まとめ役」として扱うことで、だんだんその気になっていく。不平不満を言う人がいると、いつしかなだめ役まで引き受けるようになるという。

このテクニックは、いろいろな場面で応用できる。たとえば会合にいつも遅刻してくる人に、会合の幹事を任せる。幹事ともなれば、時間通りどころか、みんなより早く来て、さまざまな準備をしなければならない。遅刻魔にはとてもできそうにない役割に見えるが、案外そうでもない。**幹事という責任感から、ちゃんと時間より早く来る**ものなのだ。

あるいは忘年会で、毎年いかにもイヤそうに参加する人を幹事にして、店の選択から予算やメニューまで、すべて任せる。幹事としてあれこれ決めていくうちに、忘年会に対する思い入れも強まり、当日も率先して、会の盛り上げ役になっていくのだ。

左遷の通達を納得させる、巧みな丸め込み方とは

「左遷」と言われて、喜ぶ人などいない。社員が何千人もいる東京本社から、社員数名の片田舎の営業所に飛ばされるとなれば、やる気は一気に減退する。最近ではインターネットに会社の悪口をズラズラ書きつらねる社員もいるからやっかいだ。

なんとかうまく左遷を納得させる方法はないものか？

「いやいや、それは言い方次第ですよ」

そう言って、左遷人事の告げ方を教えてくれるのは、大手企業で長らく人事を担当してきたH氏である。

「たとえば自分では出世街道を歩んでいると思っていた人が『左遷』と言われれば、ショックを受けますよね。でも大変な失敗をしてクビも覚悟していた人なら、『左遷』も御の字でしょう。そんな人間心理を利用するんです」

物事は受け止め方次第で変わるわけで、左遷の場合も、それを「じつは、それほど悪く

ない措置」「不幸中の幸い」と思わせられれば、不満を和らげることもできる。

たとえば、こんな具合だ。仕事で大きなミスをした人なら、「このご時世だし、本来ならリストラという話も出たけれど、それはあまりにもったいないとなった。キミが有望な社員であることは間違いないから、辞めてほしくない。だが完全に水に流すわけにもいかないから、しばらくは仙台支店に行ってくれないか」

リストラするつもりがなかったとしても、あえて「リストラも考えた」と伝える。本来リストラされるところを左遷でとどまったことにして、**「不幸中の幸い」と思わせる**のだ。

リストラに説得力がないなら、支店同士を比べてもいい。「本当は網走支店という話もあったけれど、どうせならキミの出身地に近い山口支店にしてほしいと、私から頼んだんだよ」

と言えば、**上司や会社の温情に感謝する**というわけだ。

「本当の理由なんて、どうでもいいんです。大事なのは、本人をそれなりに納得させることですから」

長年、数々の左遷人事を行ってきたH氏は、確信に満ちた顔でそう話してくれた。

単純だけど効果絶大
この繰り返し言葉

客商売では、お客からのクレームはつきもの。もちろん大半は「欠陥品だったので交換してほしい」といった、ごくまっとうな要求だ。だが一方で、明らかにお客の落ち度で壊れたのに交換を要求する人や、「お詫びにもう一個よこせ」などと、理不尽な要求をつきつけてくる人もいる。

「そんなときは、**『ひたすら同じ言葉を繰り返せ』**と店員に指導しています」

そんな〝クレーマー撃退術〟を語るのは、東京郊外のスーパーの店長D氏。

たとえば、買った傘が壊れていた。「忙しい中、わざわざ交換に来たのだから、値段を半額にしろ」と要求された。そんなとき「申し訳ありません。以後気をつけますので」と謝る。「謝るだけでは誠意が足らないんじゃないの?」と言われても、「申し訳ありません。以後、こういうことがないようにしますので」と謝る。これを何度か繰り返すと、お客は根負けして、「じゃあ、次からは気をつけてね」と帰って行くというのだ。

「半額にだなんて理不尽な要求、聞けるわけありませんからね。とはいえ、『それはおかしい』『ウチも商売だから、ムリだ』などと説明しても、相手は反論するだけです。それならいっそ、シンプルに同じことを繰り返したほうがいい。相手はやがて『これは、いくら言ってもムダだ』と諦めるようになるんです」

これは、ある心理学者の実験でも明らかになっている。被験者に情報が不完全な広告メッセージを読ませたところ、情報が完全な広告メッセージを読ませたときより、かえって説得力が高まることがあったのだ。**読む側が不完全な部分を勝手に補い、「きっとこうだから、いい商品なんだろう」と納得する**のである。

じつはD店長、この手法を店員にも使っているという。店員に残業してほしいとき、「悪い。今日あと1時間残ってくれ」と頼む。「え〜、どうしてですか」と言われても、「頼む、1時間だけでいいから」と繰り返す。やがて店員はあきらめて、残業を引き受けてくれるという。

「単純な方法だけど、あちこちで使えて便利でしょ」

「ひたすら同じ言葉を繰り返す作戦」。たしかに、お客にも従業員にも使える場面で重宝しそうだ。

できる上司は命令ではなく確認で部下を動かす

「最近の若者は命令しても嫌な顔をして、なかなか動かない」

こんな声がよく聞かれる。

しかし、考えてみれば、それも当たり前のことかもしれない。子供に何か命令して反発されたことはないだろうか。そう、私たちは、そもそも命令されることが嫌いなのだ。**上からものを言われると反発する気持ちが湧いてくる**のは、自然な心理的傾向なのである。

「部下が上司の命令をきかなくてどうする。それじゃあ、組織は保たれない」

そういう声が聞こえてきそうだ。

たしかに、そうだろう。上の者の言うことを、下の者がきかないのでは統制がとれない。

しかし、人を動かすという観点からみると、動かない方法にこだわるのはいただけない。

上司は、部下を動かしてこそ上司なのだから、部下を動かせない上司はその責任をまっとうしていないということになる。

「命令じゃなくて確認にすれば、人は動いてくれるんですよ」と言うのは、ＩＴビジネスの若き創業者Ｆ氏である。

「たとえば、『報告書を早く上げろ』という命令口調ではなく、『あの報告書、仕上げてくれた？』と確認の形にするんです。これなら、きつい言い方になりませんから、若手も動いてくれますよ。それに、確認に返答したのにやらなかったら、それこそダメ社員と評価されちゃいますからね。必死でやりますよ」

ほかにもこんな言い換えができる。

「Ａ社にアポイントを取っておけ」↓「Ａ社にアポ取ってほしいって、言ったっけ？」

「この仕事は今日中にやっておけよ」↓「今日中にこの仕事はやれそう？」

「今月は絶対に目標を達成しろよ」↓「今月の目標達成できそうかな？」

「この荷物を倉庫にもっていけ」↓「この荷物、倉庫にもっていってもらってもかまわない？」

命令を確認に置き換えると、ずいぶんあたりが柔らかくなる。確認といいつつ、やってほしいという意味も含まれているから、言われたほうはそのままにはできない。できる上司は、賢く部下を動かすのである。

心理テスト
10

どんな動物に変身？

意地悪な神に、あなたはみすぼらしい動物に変身させられてしまいました。どんな動物ですか？

①コウモリ
②やせた人食いオオカミ
③大きなクモ
④毒ヘビ
⑤汚い豚
⑥ゴキブリ

【解説】あなたの変態度を探ります。

①コウモリは傍観者的。あまりアブノーマルな世界には興味を持っていない。
②狼は凶暴だが気高い存在。実は、品行方正なタイプ。
③獲物を罠にかけるクモは、強烈なサディスト。アブノーマルなことへの関心はかなり高い。
④毒ヘビはネチネチと粘着質。サディストでもマゾヒストである両刀遣いかも。
⑤豚に変身させられるのは、マゾヒスト的願望の裏返し。
⑥忌み嫌われるゴキブリ。ウケ狙いで選んだのでなければ、筋金入りのマゾといえる。

STEP 11

嫌な相手にぎゃふんと言わせるダーティ心理トラップ

議論に打ち勝つために評論家が使う効果的な言い回し

テレビの討論番組では、評論家や政治家、あるいは討論テーマに則した専門家たちが、侃々諤々《かんかんがくがく》の議論を繰り広げる。

物事のさまざまな側面を知ることができると同時に、インテリジェンスあふれる人たちの喧嘩腰の言い争いは、ある種のエンターテインメントとして楽しめる。

それに、討論番組には、議論で人をやりこめるテクニックが満載されている。覚えておいて損はない。

たとえば、よく使われるのが、**「すでに、みなさんもご承知のことと思いますが」**というセリフだ。

「こんなことぐらい知っているのが当然。知らないヤツは、おとなしく黙ってろ」というう暗黙のプレッシャーをかけているのである。

似たようなテクニックで、**「○○がこう言っているように……」「かつて、○○はこう言いました」**という言い回しも多用される。

○○とは、もちろん権威ある著名人である。○○先生が言っているのだから、それは正しいのだろうと思わせる。著名な名前を引き合いに出して、自分の意見を権威づけているわけである。

と同時に、「オレの言い分に文句をつけるということは、○○の権威をも敵に回すということだからな」と牽制する意味合いも込められている。反論するには、著名な権威に対して異議を唱えるようで、相当な覚悟を必要とするのだ。

　また、自分の旗色が悪くなったときは、論点をずらす戦法がとられる。

「そんなことをいつまでも議論していたって始まらない。もっと本質的なことを見ないと。対症療法だけじゃ、問題はいつになっても解決しませんよ」

　相手の意見は本質的なものではなく、そんなものはどうでもいいと表明しつつ、自分はもっと深いところに視点を置いているとアピールするのである。

　相手の状況も冷静に見ておこう。

「もっとよく勉強してから発言してもらわなければ困るねー」

　怒りもあらわにこんな発言をするときは、痛いところを突かれた証拠である。

　心理的に余裕があるときは、もっと理詰めで封じ込めようとするはずだ。感情的になり、あたかも相手が勉強不足であるかのような発言をするのは、弱点を突かれて焦っているということである。

　相手がこのような態度に出てきたら、一《いっ》気《き》呵《か》成《せい》に攻めるチャンス。相手が感情的になっているぶん、こちらは冷静に論理的に追い込んでいくのが得策だ。

　こうしたテクニックを駆使すれば、議論での勝率は間違いなく高くなるはずだ。

　ただし、そんなことばかりやっていると、みんなに敬遠されることになりかねない。

　ここぞというときには相手をやり込めることも必要だが、人間、5勝5敗くらいがちょうどいいのではないだろうか？

親切めかした注意で相手を自縄自縛にさせるワザ

プロ野球のゲームで、2死満塁で相手チームの4番打者を迎えた。ベンチはタイムをとり、ピッチングコーチがマウンドに歩み寄り、ピッチャーに注意事項を伝える。

「いいか、ここで一発でかいのを打たれたら逆転負けだ。内角には絶対に投げるなよ」

しかし、優秀なピッチングコーチは、そうは言わない。

「外角一辺倒でいけ。外角にさえ投げておけばいい」

と言うのである。そこには、人間心理の微妙な特性がからんでくる。

「内角に投げるな」と「外角でいけ」は、ほぼ同じ意味である。それなのに、なぜ「内角に投げるな」というコーチは凡庸で、「外角でいけ」というコーチは優秀なのか。

おそらく、読者のみなさんも経験があると思う。人は、**何かを禁止されると、それをやってみたいという思いに駆られる、あるいは無意識のうちに禁止されている方向へ向かってしまう**という、やっかいな心理特性を持っているのだ。

つまり、「内角に投げるな」と禁止の指示を与えれば、ピッチャーはよけいに「内角に投げてはいけない」と意識してしまい、内角に失投する確率が高くなる。しかし、「外角でいけ」と言われれば、内角を意識することはないから、指先が狂って内角に失投する確率は低くなる。もちろん、ピッチャーのコントロールや精神的な強さも関係してくるので一概に言うことはできないが、内角へ投げるリスクをもっとも低減できるのは、「外角でいけ」という指示なのである。

　このやっかいな人間心理は、悪用することもできる。たとえば、ゴルフ。あなたのまわりに、親切にコースの解説をしてくれる人がいないだろうか。

「ここは、左に曲げると池ポチャだから、絶対に左はダメ。左は要注意ですよ」

　なんて親切でやさしい人だろうと思っていたが、じつはそうではないかもしれない。相手に左を意識させようと、わざと親切ごかしに「やってはいけない」禁止事項を事細かに解説しているということも考えられるのだ。

　ある金融関係企業の企画担当者は、プランを二つ示して同僚にこう言った。

「Aはリスクは少ないが効果もあまり期待できない。Bはリスクは大きいが、成功すれば利益は大きい。リスクの面から考えれば、Bはやめたほうがいい。堅実にAでいったほうが、キミの将来に傷はつかない」

　熱心にBはやめたほうがいいと強調し、Aを勧めた。しかし、同僚はあえてBのプランを選択し、失敗して地方に飛ばされた。

　その後、社内ではこんなウワサが流れた。企画担当者は、同僚が彼に敵愾心《てきがいしん》を持っていることをよくわかっていて、あえて「Bはやめたほうがいい」と強調したのではないか。

　そしてライバルとなる同僚を蹴落としたのではないか。真偽のほどは当人にしかわからない。

こちらに都合の悪い発言を封じ込める、会議のトリック

発端は、老舗同族企業の不祥事の発覚だった。マスコミに糾弾され、謝罪した企業は、経営改革に乗り出し、経営改革会議が開かれることになった。

広告プランナーのU氏にもとに、老舗企業の専務が訪れたのはそんな矢先だった。相談の内容は、経営改革会議について。役員はすべて姻戚《いんせき》関係のある同族で固めているため、従業員側が急きょ組合を結成し、出直しのための改革に従業員サイドの意見も取り入れるよう求めた。

「従業員が会議に参加するだけなら、まだいいいんですよ。ところが、問題が大きくなっちゃって、有識者やマスコミ関係者が数名オブザーバーとして参加することになってしまったんです。こうなると、会議がどういう方向に向かうかまったく見当がつかず、非常に怖い。なんとか会議をコントロールする方法はないもんですかね」

専務がそう困り切った表情で言うと、U氏はしばし考え込み、

「ないこともないなあ。結論を出来レースにすることはできないけど、形式ばった意見しか出てこない、盛り上がらない会議にすることはできるよ」と言った。

そして、U氏はいくつかのアドバイスを専務に伝えた。専務は、そのアドバイスに従い、会議をセッティングしたところ、従業員サイドの要求はだいたい想定の範囲内のものであり、オブザーバーからもとくに

意外な意見は出てこなかった。そして、結論は誰もが思いつくありふれた落としどころに落ち着き、会議は波乱なく終了した。

U氏は、いったいどんなアドバイスをしたのだろうか？

まず第一に指示したのは、会議を行う場所を自社の会議室などではなく、老舗ホテルの豪華な会議室にすること。そして、部屋の中央に真っ白いテーブルクロスのかかったテーブルを置き、椅子は体が沈み込むようなソファにする。さらに、席順は役職順に指定しておき、着席するのも下の者からという流れが望ましい。

また、議事進行係を設け、会議の進行はすべて進行係が執り行うようにする。要するに、国際会議のような重厚な雰囲気の会議にするのである。

なぜ、こんな堅苦しい雰囲気の会議にするのか。それは、**人が場の雰囲気におおいに影響される**からである。

たとえば、三つ星の高級フランス料理店と全国チェーンの居酒屋では、立ち居振る舞いも違うだろうし、会話の内容も変わってくるだろう。その場の雰囲気に行動や思考が枠をはめられ、それに合ったものになっていくからである。

堅苦しい雰囲気の会議では、意見が自由に飛び交い、本音で忌憚《きたん》なくものを言い合える状況にはなりにくいだろう。発想も形式張った、常識的なところに落ち着きがちである。会議は終始言葉数少なく進行し、最後に採択される結論もありふれたものになるだろう。

口の立つ人間をおとしめる究極のセリフ

人間いろいろなタイプがいるが、なかには口から生まれてきたのではないかと思えるような口達者もいる。

ああ言えば、こう言う。右と言えば左。人の話にはまったく耳を貸さず、自分の主張をまくしたてる。

なまじ少し頭がいいと、さらにやっかいだ。むずかしい単語をちりばめながら、とうとうとしゃべりまくり、反論の糸口すらつかませない。こういう人間を部下に持つと、さぞ苦労することだろう。

だが、こんな口の立つ人間をギャフンと言わせる方法がないわけではない。とある出版社の企画会議の席上で、編集長は口達者な部下の口をぴしゃりと閉じさせて見せた。そのやり方とはこうだ。

編集者のM氏がまくしたてる。

「えー、昨今の出版界の現状はかくかくしかじかで、読者ニーズの多様化という厳しい現実に直面しています。このような中で、多くの読者を引きつける本を出し続けていくには、新しい視点で物事を見ていくしかありません。既存のテーマでも切り口を変えて見せていけば、まだまだ読者の開拓は可能です。そこで、新しい企画のコンセプトとしましては予想がつかない未来を反映して……」

彼は社内随一の知能派と呼ばれ、同僚たちからはつまらない講釈をたれるという意味で「教授」というあだ名をもらっていた。

今回も、よどみなく流れるように話をしているが、内容はどこかの雑誌で見かけたようなものばかり。長々と続く話に誰もが閉口しているが、いちおう筋は通っているので、誰も話の腰を折ることができない。

みんながじりじりとしているところで、やっと話が終わった。M氏は満足したように周囲を見渡した。

するとと編集長がひと言、こう言った。

「で?」

M氏は意味がわからず、きょとんとしている。

「で、といいますと?」

「それで結局、何が言いたいんだ」

編集長はそっけなく言った。

「ですから、読者ニーズの多様化というテーマのもとで新たな企画を考える場合のコンセプトはですね」

「ああ、それはもう聞いたよ。それで、どうするのかを聞いているんだ」

「だからですね、新しい切り口で……」

「だから、何が言いたいのかと問いているんだ」

「もう一度検討してきます」

M氏は顔を真っ赤にして引き下がった。以後、その会議でM氏が口を開くことはなかった。

口達者な人間に真っ向から反論したら、相手の思うツボ。舌なめずりして論破されてしまうだろう。相手は舌戦望むところなのだ。**無用な対決は回避して、「だから結局、何が言いたいの?」**――そのひと言が、一〇〇の言葉より鋭く相手の胸に突き刺さるのである。

鼻につく自信家を黙らせる「暗黙の強化」テクニック

ボクシングは過酷なスポーツである。日々厳しい練習を積み、節制した生活を送らなければならないが、チャンピオンになれるのはごくわずかの者だけだ。ボクサーの大半、いや9割がたはタイトル戦に挑戦することもなく、ボクシング人生を終えることになる。

そんな平凡なボクサーや見込みのないボクサーにとって、才能豊かな新人ボクサーは激しい嫉妬の対象だ。ボクシングジムによっては、陰湿ないじめもあるという。

あるボクシングジムに所属するC君は、もう10年選手だが、いまだに4回戦ボーイ、戦績も負け数のほうが多い平凡なボクサーだ。彼にとっては、アマチュアボクシングで輝かしい成績を収めてプロに転向してきたボクサーは憎悪の対象でしかない。

彼が有能な新人に対して行うこと、それは潰しにかかることである。

「もちろん、暴力を振るったり、無理難題を言いつけたりなんかしませんよ。そんなことしたら、すぐに問題になっちゃうし、第一、ボクシングではかないませんからね。もっと巧妙な潰し、そうスポイルしていくんですよ」

そう言って、C君はニヒルな笑みを浮かべた。

スポイルするにはどうするのか。

「へへへ、相手のライバル選手のことをほめるんですよ。ライバルをほめられると、誰だっていい気はしないでしょ？　自分がけなされたような気分になる。自信を持っているヤツほど、この手はききますよ。自分は認められていないと感じて、だんだん気分が落ち込んでいくんですよ。

これをオレだけじゃなく、ジムのほかの連中とも示し合わせてやる。数カ月前に入ってきたヤツはね、高校チャンピオンになったほどの逸材だったけど、オレたちがライバルをほめ続けていたら、だんだんやる気をなくして、練習もサボるようになりましたよ」

ダーティな行いと言うしかないが、この手は心理学的にも説明がつく。**「暗黙の強化」**といって、人は仲間やライバルがほめられると間接的に自分が叱られているように感じ（暗黙の負の強化）、仲間やライバルが叱られていると間接的に自分がほめられているように感じる（暗黙の正の強化）のである。「暗黙の正の強化」を受けた者は気分的に盛り上がるが、**「暗黙の負の強化」を受けた者は精神的に落ち込んで、仕事や作業効率が落ちる**という実験結果もある。

C君は経験的にこの「暗黙の強化」の効力を感じ取り、才能豊かな若者を潰すために用いていたわけだが、この手法は会社の中でもけっこう使われているようだ。自信過剰な部下の鼻っ柱を折るために、その部下はまったくほめずに、ほかの同僚をほめるのである。

すると、その部下は自分が上司に認められていないのではないかと疑心暗鬼になり、自信あふれる態度がだんだん影を潜めていくのである。

有能な部下の能力を低下させる悪の心理スポイル術

ある心理学実験の話をしよう。その実験では、まず知能テストを受けさせる。次に、クリアできないような難題を与え、それができないと「なんで、こんなものができないんだ」「これくらいもできないようではダメだよ」などと徹底的に非難を浴びせ、フラストレーションを与える。それから再び最初に行った知能テストをやらせてみると、はじめに受けた結果より明らかに得点が低下していた。

このことから何がわかるか。**人は過度のフラストレーションを抱え、気持ちがくさった状態にあると、能力が低下してしまう**ということだ。フラストレーションが一時的なものなら、能力低下も一時的なものですむだろうが、フラストレーションがたまる状態が恒常化すると、能力の絶対値まで低下し、10の力を持っていたのに6の力しか発揮できない人間になってしまう危険性もある。

人間心理のこの特性は、イヤな相手、気に入らない相手を追い込む手段として利用することができる。たとえば、自分の地位を脅かしそうな有能な部下に対して、意図的につまらない仕事ばかりを与えるというのも、一つの方法だ。部下は「どうして、こんなことをしなけりゃならないんだ」と気持ちがくさっていき、仕事に対するモチベーションが急激に低下していく。この状態が長く続けば、優秀な能力を持っている部下も、力を高める機会を失い、ただの人になってしまう可能性が高い。

しかし、逆もまた真なり。サラリーマン社会で生き抜き、上を目指すのであれば、「干される」ことぐらい織り込みずみでなければならない。フラストレーションを平然と受け入れるぐらいの精神力が必要だ。

現在、大手メーカーの経営者として活躍しているT氏もその一人。彼は30代の働き盛りの頃、当時権力を振るっていた専務の派閥に入ることを拒んだばかりに、まったく実績のない発展途上国に飛ばされた。さすがにT氏もくさりかけたが、ここで負けては悔しいと周辺諸国にも人脈を広げ、徐々に成果を上げていった。

そんなとき、本社ではスキャンダルが発生し、T氏を飛ばした専務が失脚する。彼は海外事業の実績を買われて本社に呼び戻され、スキャンダルでガタガタになった本社の業務を立て直した。海外事業で経験した死に物狂いの努力に比べれば、本社再建のための障害など苦労とは感じられなかった。そして、その功績からとうとう経営トップの座に上り詰めたのだ。

「飛ばされたのは、いまから思えばいい経験でした。だから、私もこの手を使いますよ。といっても、反対派を飛ばすのではなく、これはと見込んだ人間を僻地《へきち》に飛ばすんです。そこからいかに這《は》い上がってくるか。そんな状況を切り抜けてきた人間こそリーダーとしてふさわしい」

能力を奪い取る悪の心理術も、使い方によっては貴重な体験を積ませ、折れない心を試す機会にもなるのだ。

人を追い落とすには小さなウワサを立てよ

Y氏は会社の給湯室で、エミコさんが、たまたま喫茶店で会った吉田課長に仕事のことで説教されたと同僚にこぼしているのを聞いていた。こんなところでウワサにされるのか。気をつけようと思ったY氏だが、それから数日後、同僚から驚くべきウワサを聞くことになる。「吉田課長とエミコさんができている」というのだ。それはありえない。彼は耳を疑った。しかし、続けて同僚が口にしたひと言で合点《がてん》がいった。

「吉田課長とエミコさん、喫茶店で手を握り合って夢中で話をしていたらしいよ」

ははあ、ウワサ話が一人歩きしたってやつだな。数日前の給湯室での話が、人から人へ伝わる間にどんどん変化したんだ。

実際のところ、このウワサ話はこのように変わっていった。

昼食のとき、エミコが吉田課長に説教を受けたんだって↓エミコと吉田課長がお昼を一緒に食べてたらしいよ↓エミコと吉田課長が喫茶店で親密そうにしていたらしいよ↓エミコと吉田課長が、喫茶店で見つめ合ってたってウワサだよ↓エミコと課長、できてるらしいんだ。喫茶店で手を握り合ってたって。

このように、**ウワサ話は人から人へ伝わっていくたびに、尾ひれがついて最初の話とはまったく違った内容に変わってしまう**ことがある。

Y氏は事情がわかっておかしくなったが、

すぐにニヤリと笑みを浮かべた。これは、使えるかもしれない。

Y氏にはどうしても負けたくないライバルがいる。同期入社のMだ。どちらかが同期で最初に課長になると言われていた。Mにだけは負けたくない。

Y氏は、Mが同僚から3万円を借りる現場を見た。得意先に土産を持っていきたいが、あいにく手持ちがない。帰りに銀行でおろして返すからというようなたわいもないやりとりである。しかし、金を借りていたのは事実である。たとえば、Y氏が同僚にこんなことを言ったらどうだろう？

「Mのヤツ、3万円貸してくれって拝み倒していたんだけど、何かあったのかな？」

この話はこんなウワサ話として人に伝わっていくかもしれない。

M、金に困っているらしいよ↓同僚に金を借りているらしい↓みんなに金を借りまくっているっていう話だぜ↓消費者金融にも借金があるっていうことだ↓サラ金の借金で首が回らないらしいよ。

いずれは、まったくの事実無根だということがわかるだろう。そんなことはどうでもいい。重要なのは、この時期に良からぬウワサが駆け巡ったという事実だ。昇進の対象者としては、それはふさわしくない。候補からはずされてもおかしくはない。

それに、とY氏は思う。自分がはじめに流した話は、偽りではない。事実なのだ。デマを作ったのは自分ではなく、ウワサを伝えていったほかの人間たちである。それなら良心もあまり痛まずにすむというものだ。

大きいカミナリより小さい恫喝《どうかつ》のほうが効果的な理由

「なんじゃあ、ワレ。なめとんのか」

こんなセリフで凄まれた日には、どんな理不尽な要求にも「はい」と言ってしまいそうである。ヤクザは恐怖という武器を用いて、相手に言うことを聞かせるのだ。

だが、強面《こわもて》でドスを利かせた声で迫れば、何でも言うことを聞かせられるかというと、決してそんなことはないようだ。

ある心理実験にこのようなものがある。

被験者を3つのグループに分け、1番目のグループには、ある伝染病患者の悲惨な映像をこれでもかと見せて恐怖をあおった。

2番目のグループには、伝染病の初期症状や感染経路などが説明された。これは言ってみれば、中ぐらいの恐怖を与えたわけである。3番目のグループには、「伝染病には注意しましょう」程度の簡単なアドバイスが与えられた。これは、小さな恐怖の提示だ。そして最後に、各グループに予防注射の接種を勧めたのである。

その結果、どうなったか。ふつうに考えれば、伝染病の恐怖をこれでもかと見せつけられたグループの予防注射接種率が高くなると予想されるが、1カ月後に実施された追跡調査によると、その予想は見事に覆された。もっとも接種率が高かったのは、伝染病の簡単な注意を与えられた3番目のグループで、もっとも低かったのは1番目のグループだったのである。

これが何を示しているかというと、**人は**

恐怖があまりにも大きいとその恐怖自体から逃げ出してしまうということである。「そんなことが身に降りかかる確率なんて、ほんのわずかさ」と自分に都合よく解釈して、恐怖の存在を打ち消してしまおうとするのである。

恐怖は人を動かす要因になることは確かだが、あまりに大きな恐怖を与えすぎるのは逆効果ということだ。人を動かすという点では、大きすぎる恐怖より、小さな恐怖を与えるほうが有効である場合が多いのである。

思い出していただきたい。どこの会社にも、部下を怒鳴り散らす怖い上司がいるものだ。一方で、ふだんはやさしいが、気のゆるみから派生するミスに対しては容赦ない叱責を与えるという上司もいる。果たして、どちらの上司のほうが怖く、言うことを無条件に聞くだろうか。

おそらく、多くの人は、怒鳴り散らす上司には面従腹背《めんじゅうふくはい》で、それほど恐怖を感じていないに違いない。吠えられるのに慣れてしまえば、嵐がやむのをじっと待っていればいい。

だが、時折怒りを見せる上司に対しては、そういう免疫がつかない。そういう人がビリビリとした雰囲気を醸し出していると、恐怖が増幅されて何か言われたら、「はい」と従ってしまうのではないだろうか。

要するに、部下を掌握し、組織を束ねる「できる上司」ほど、簡単に吠えることはせず、たまに見せる威圧的な姿勢で潜在的な恐怖感を植えつけているのである。

相手を不安に陥れ、こちらに有利な状況を導き出すには

R氏は、広報戦略のスペシャリストだ。さまざまな企業と契約を結び、広報戦略の立案やマスコミ対策、交渉戦術をアドバイスする。

この日も、得意先の打ち合わせブースで打ち合わせに入ろうとすると、隣のブースから大きな声が聞こえてきた。

「30分も遅刻ですよ。困りますね、時間を守ってもらわなくちゃ」

「申し訳ありません。資料作成に手間取ってしまいました。いちおうご連絡は差し上げたのですが、席にいらっしゃらなかったようで、行き違いになってしまったようです。本当にご迷惑をおかけして申し訳ありません」

約束の時間に遅刻してきた取引先に対して、文句を言っているようだ。はじめに一喝することで、交渉事を有利に進めようとしているのかもしれない。

「フフフ」

聞き耳を立てていたR氏が小声で笑った。そして取引先の担当者に聞いた。

「どう思います？」

どうって？

「私だったら、相手が遅刻してきても文句なんて言いませんね。その代わり、ニヤリと笑って相手の顔を見ます。そして、すぐに本題に入って、相手に謝る機会を与えません」

ほう、それはなぜですか？

「交渉を有利に進めるためですよ。せっかく相手がミスを犯して、引け目を感じる心理状態になっているんです。これを利用しない手はありません」

なるほど。

「そうですよね。相手が不安な心理状態にあれば、商談の主導権はこちらが握ることができます。引け目があるから、先方は意に沿わないことがあっても反論しづらいでしょう。立場的には、こちらが絶対有利です。通常の交渉なら了解をとりつけられないことでも、この機会ならオーケーをもらえる可能性は高い」

相手のミスに乗じて不安に陥れ、有利な立場を確保するなんて、Rさんもけっこうワルですね。

「いえいえ、こんなのは交渉術の常道ですよ。じつはこれ、社内でもけっこう使えるんですよ」

社内でも利用できるんですか？

「たとえば、部下から報告書などを受け取るときに、ちらりと一瞥《いちべつ》して、その場では何の評価も伝えないでおくことです。いいも悪いも言わない。ご苦労だった、さえ言わない。パラパラと内容を眺めてから、相手を見てうなずくだけです」

部下は不安になりますね。それで上司が納得しているのか、それともダメだと思っているのかわかりませんから。

「そうですよね。不安になります。そういうときに、何か指示や頼み事をすれば、まず間違いなく相手は一生懸命やりますよ」

そう言って、R氏は笑う。その顔は天使のようでもあり、悪魔のようでもあった。

相手の記憶を刷り替える暗示のトリック

かつて、刑事裁判を扱う弁護士を取材したときのことだ。その弁護士は、人の証言など簡単に変えることができると言う。

「聞き方によって、いかようにすることもできるからね。だから、証言というのはよほど慎重に検証しなければならないんだ」

これは心理学の実験でも確かめられている。それは、現職の刑事たちを被験者にした実験である。

まず、刑事たちに都電の写真とトラックの衝突現場の写真を見せた。それから、「電車の窓から顔を出していたのは、何人ですか？」「落ちていたトラックの荷物は、2個ですか、それとも3個ですか？」と聞いた。

答えは、窓から顔を出していたのは、3人とか2人とか、まちまちだった。落ちていた荷物も2個という者もいたし、3個という者もいた。

実際には、都電の窓から顔を出していた人はいなかったし、トラックの荷台から荷物もこぼれ落ちていなかった。つまり、刑事たちは答えを誘導されたのである。

「窓から顔を出していたのは何人ですか？」と聞かれれば、顔を出していた人がいるということがすでに前提になっている。「落ちていた荷物は、2個か3個か？」という聞き方も、荷物が落ちているのは了解事項のように感じられてしまう。だから、3人とか3個といった具体的な数が出てくるのである。しかも、被験者の刑事たちは誰ひとりとして、このカラクリに気づかなかった。

刑事たちが心理実験で引っかかったのは、「誤前提暗示」といわれるものだ。**誤った前提条件を提示して、それが当然であるかのように暗示をかけてしまう方法**である。

こうした誤前提暗示は、じつはよく使われている。たとえば、「あなたもよくご存じのように」「みなさんも知っていらっしゃる通り」などという前置きのセリフだ。「あなたもご存じ」「みんな知っている」と言われれば、「そっかな」などと思ってしまうものである。

たとえ、「ご存じのように」と言われて「え、知らない」と思っても、みんなが当然と思っていることを聞き返すのは心理的抵抗がある。そのため、こうした前置きのセリフに続く話の内容に疑問をさしはさみづらくなってしまうのだ。

この心理メカニズムを知っていれば、相手の疑問を封じ込めることもたやすいだろう。話す事柄の前に、「あなたもご存じのように」と前置きするのはもちろん、「こんなことは言うまでもないことだが」といった意味の言葉を先に述べておくのも有効だ。

逆の立場から言えば、「みなさんよくご存じのように」という前置きで始まる話は、眉にツバつけて聞いたほうがいいということだ。

実際に「よく知っている話」であることも多いが、なかには疑問を封じ込め、錯覚に陥れるための心理トリックがあるかもしれない。

反対者は同調行動の原則で封じ込めろ

会議を自分の思う方向に進めるには、事前に根回しをしておくのが、てっとり早い。とはいえ、根回しをすればかならずうまくいくとは限らない。なかには根回しのうまい人もいれば、下手な人もいる。

「根回しなんて、簡単ですよ」

そんなことをあっさり口にするのは、広告代理店で営業次長を務めるK氏である。

「人間なんて、自分でものを考えているようで、案外そうではないものです」

そう言って、アメリカで行われた、ある心理実験を教えてくれた。

3人の被験者に、光の自動運動を感じてもらう。光の自動運動とは、暗闇の中に浮かぶ光の点をじっと見つめていると、光が上下左右に動いている気がしてくるというものだ。

光を見せたあと、3人をそれぞれ別の部屋に呼び、感じた長さを報告してもらう。当初、3人の長さは、まったく違うものであった。ところがその後、3人を同じ部屋に入れ、長さを報告し合ってもらうと、3人の答えが最初とどんどん違ってきたのである。

長めに言っていた人は、短めに言うようになり、短めに言っていた人は、長めに言うようになる。最後は3人とも、まったく同じ長さで意見が合った。

これは3人が、「人と違う意見を言いたくない」と思っていたことを示している。最初に自分の感じた長さより、みんなと同じ長さを答えたほうが好ましいと考えたのだ。これを心理学で**「同調行動」**と言う。

「だから根回しするときも、『ボクの意見に同意してください』とは言いません。『○○さんは、賛成すると言ってくれました。だからあなたもお願いします』と頼むんですよ」

もちろん○○さんは、まだ賛成とは言っていない。それでも賛成しているかのように伝え、別の人に○○さんとの同調行動を取らせるのだ。

「**欠席裁判**も手ですね」

ニヤリと笑いながら、もう一つの方法を教えてくれた。

根回ししても了承を取りつけにくい人がいるとき、その人を除いたメンバーで、あらかじめ意見統一したあとに、

「あなた以外は、みんなこの案でＯＫと言っています。どうします？」

と尋ねるのだ。

こう言われれば、よほどのことがない限り、反対意見は言えなくなる。「じゃあ、そういうことで」と事はスムーズに進むというわけだ。

「根回しが下手な人は、こうした人間心理がわかっていないんです。やみくもに説得しようとしたって、うまくいくわけがありません。そもそも、やみくもに頼むだけなら、会議で意見を言うのと変わりませんからね。そんなのは、事前の根回しとは言えませんよ」

独自の根回し論を、自信を持って語るＫ氏だった。

圧倒的多数の反対を突き崩してきた意外な方法

「多勢に無勢」という言葉があるように、周囲を自分と違う意見の人ばかりで固められたら、「もうダメだ」という気持ちになるものだ。ところが、

「いやいや、そんなことはありませんよ」

と、〝無勢派〟の強さを教えてくれるのが、不動産会社に勤めるJ氏である。

会社での仕事はディベロッパー……といえば聞こえはいいが、やっているのは一種の地上げ屋。シャッター通りと化した昔ながらの商店街、空き家が増えて歯抜けのようになった住宅地などを買い取り、高層マンションなどを建てる。J氏はもっぱら目ぼしい場所を見つけ、地主と交渉するのが仕事だ。

なかには喜んで土地を売ってくれる人もいるが、かたくなに売却を拒む人もいる。とくに住民同士の結束の強い場所では、団結して反対運動をするケースも少なくない。説明会では会社から派遣されたJ氏に対し、反対派が何十人と詰め寄ることもある。そんなときもJ氏は、ひるむことがないという。

「多勢といっても、一人ひとり考えていることは違いますからね。そこを突いていけば、反対派の結束を弱めるのは、そんなにむずかしいことじゃない」

具体的には、どうするのか。

「反対といっても、『絶対反対』の人から、『条件しだいではＯＫ』という人まで、温度差

はずいぶんあります。条件しだいでＯＫの人を見つけたら、その人を徹底的に攻めて、最終的にＯＫを取りつける。これを水面下で一人ひとりやっていけば、かなり転ぶ人が出てくる。そうなれば、もう勝ったも同然。ダムが決壊するように、反対派の結束は崩れます。かたくなだった人も、自分だけ反対しても仕方ないと、最後は折れるようになるんです」

一人ずつ崩していくと、最初は反対していた人も、やがて「それなら認める」ということにもなっていき、反対派の結束はどんどん崩れていく。気がつくと「絶対反対派」は劣勢となり、Ｊ氏の提案を受け入れざるをえなくなっているという。

「一人ということは、ブレないということなんです。とにかくこっちは、土地を買えばいいだけですから」

Ｊ氏が開陳してくれたこの手法は、会議などでも応用できるだろう。自分の提案に対し、出席者全員が反対した。一見、その案を通すのは絶望的な気がするが、そんなことはない。

ひと口に反対者といっても、理由がそれぞれ違うことは多い。「この人はどこに反対なのか」「この人は何を懸念しているのか」と一つひとつ調べ、それらを払拭する材料をそれぞれ提示していけば、反対理由はどんどんなくなっていく。

ポイントは「圧倒的多数の反対派」ではなく、反対する一人ひとりと対峙《たいじ》すること。それができれば相手は圧倒的多数ではなく、たんなる烏合《うごう》の衆となる。突き崩すのは簡単なのだ。

心理テスト
11

四字熟語を３つ考えると

あなたの人生を四字熟語で表すと？
思いつくまま３つあげてください。

例　１つ目　暗中模索
　　２つ目　厚顔無恥
　　３つ目　明鏡止水

【解説】１つ目の四字熟語は「あなたの人生観」、２つ目の四字熟語は「あなたの結婚観」、３つ目の四字熟語は「死ぬ直前に人生を振り返って思うこと」を表しています。

例で言えば、「いつも迷ってばかりの人生。パートナーを得るためには多少恥ずかしいこともいとわないくらいガッついている。人生の終わりになって、やっと心を落ち着かせることができる」といったことが読み取れます。

STEP 12

好印象を演出する
イメージ操作テクニック

有能なイメージは会議の終わりに作られる

サラリーマンにとって、幹部が出席する会議の場は、自己アピールの絶好の機会である。そこで主導権を握ることができれば、上へと続く階段が開かれるだろう。

営業部のT課長は、何日も前から周到に準備し、積極的に発言した。その発言はすでに練り込まれたものであっただけに、問題の核心をえぐる鋭いもので、出席した幹部たちをうならせた。

「これで幹部たちに、自分を大きく印象づけることができたにちがいない」

T課長はひとりほくそえんだ。

ところが、議論が出尽くし、今日の会議はここまでという雰囲気になった頃、T課長のライバルである企画課のS課長がスッと手を挙げ、「最後にひと言」と申し出た。これまでほとんど発言しなかったS課長は出された意見を整理し、「この部分はだいたいみんなのコンセンサスが得られているようだから、次回検討する課題はこちらの部分にしたらどうか」

といった内容の発言をした。

これによって、会議の内容は見事に整理され、誰もが話し合われた論点を理解することができた。そして、洗い出された論点の上に立ち、これから目指すべき方向性がおぼろげながら見えてきたのである。実際、誰もがその冷静な分析力と判断力に舌を巻き、S課長の評価は急速に高まった。まさに、S課長の逆転ホームランである。

自分の意見がまとまっていないとき、これといってアイデアを持っていないときには、発言すべきことがなく、会議の席上で出遅れてしまう。焦って発言すると、まったく的を射ていないことを述べてしまったり、論点がずれていたりとロクなことがない。

そういうときは、ムリに発言しようとせずに、誰がどういう発言をしたかをメモにとりながら、冷静に会議の状況を見きわめたほうがいい。**傍観者として見ていると、意外に議論の流れがよくわかる**ものだ。そのようにして状況をつかみ、最後に議論の内容を簡単に整理し、「意見は○○と××、この二つに集約されているみたいですね。今度は、どちらがより有効であるかを議論するのがいいのではないでしょうか」などとまとめれば、会議内での発言の少なさは帳消しになり、なかなかできるじゃないかという評価もいただけるはずだ。

できる人を装うには待ち合わせ時間を工夫せよ

新入社員のＹくんは、先輩のＢさんの下について仕事を一から学んでいる。先輩と一緒に取引先を回ると、どこへ行っても、「Ｂさんって、よく体が持つね。あんなに仕事するなんて、よっぽど会社に期待されているんだろうね」と評判がいい。仕事ができる、有能だと誰もが口にするのである。

でも、Ｙくんの心の中では「？」が渦巻いている。なぜなら、Ｂ先輩はいたってのんびりと仕事をしているし、言っては悪いが会社からそれほど期待されている存在でもない。なぜ、外部の評価がこれほど高いのか、よくわからなかったのである。

そこで、あるときＹくんは思い切ってＢさんにたずねてみた。

「Ｂさんって、取引先の評判がすごくいいですね。みんな有能だって言ってますよ」

Ｙくんがそう言うと、Ｂさんは笑い出した。

「そうか。じゃあ、作戦は功を奏しているわけだ」

「作戦？　作戦って何ですか？」

「だいたい有能な人っていうのは忙しくしているもんだろ。人よりたくさんの仕事を効率的にこなしてこそ、有能という評価がもらえる。だから、人は逆もまた真なりと思うのさ。つまり、忙しい人は有能に違いないと思い込むわけだ。だから、有能さを演出するには、忙しいと思わせればいい」

どうやって、忙しいと思わせるのか。B先輩はアポイントの時間を工夫しているという。

「ふつうアポイントをとるときには、2時とか2時半とか、きりのいい時間を指定する。でも、**オレは2時10分とか15分とか、細かな時間にするん**だ。そうすると、どうだい？　まるで分刻みのスケジュールで動いているように思えないかい？　そして、はじめに『今日は20分しか時間がありません』と言ったら、話が途中でも20分で切り上げるんだ。ここでも、多忙な印象を与えることができる。忙しい合間を縫って来たと恩を売ることもできるんだ」

たしかに簡単な方法だ。**多忙なふりをすると、仕事ができるように思われる**。これはいいことを聞いた。自分も使ってみようと思うYくんだった。

「この人わかっている」と錯覚させる、あいまいな表現

銀座のクラブでも、六本木のキャバクラでも、器量はそれほど飛びぬけているわけではないのにお客さんの評判がよく、ナンバーワンになる女性がいる。そういう女性は、たいてい抜群の会話力を持っている。

どんな会話テクニックを使っているのか？　六本木の某クラブのナンバーワンS美さんに秘訣を聞いた。

「たいしたことじゃないけど、**バーナム効果**を使っているの」

バーナム効果とは、占い師がよく用いている、誰にでも当てはまる一般的なことを言って、自分のことを言い当てていると思わせる心理テクニックのことである。

「そう、漠然としたことを言って、相手に勝手に想像させるわけね。すると、だいたい思い当たることがあるから、当たっていると思っちゃう。それで、『この人は、よくわかってくれる』と錯覚してくれるのよ」

ということは、対人関係で悩んでいると言い当てたのも……。

「お客さんが暗い顔をしていれば、何か悩み事があると考えるのは自然でしょ。悩み事なんて、だいたい対人関係か経済的な問題の二つに一つだから、思い切って対人関係でカマをかけてみたんだけど、ドンピシャだったみたいね」

そうやって、お客さんに「S美ちゃんは何でもわかってくれる」と思わせているわけか。

このテクを使う上での注意点は？

「なるべくあいまいな言葉を使うことね。たとえば、『彼女にふられた？』じゃ、限定的すぎて当たる確率が低くなるでしょ。『悩みがあるでしょ』とあいまいにすれば、お客さんが自分で失恋のことだとか、社内の人間関係のことだとか想像してくれちゃうのよ」

なるほど、わかりました。

「あら、スーさん、お久しぶり。あ、今日何かいいことあったでしょ？」

「え、わかる？」

あ〜あ、またハマっちゃったよ。きっと、自分で勝手に上司にほめられたこととか、契約がまとまりそうだとか想像しちゃっているんだろうな。

たまにしか会わない相手に鮮明な印象を残すズルい会話

事務機器販売会社の営業マンHくんは、「見込みのありそうなお客さんのところには、毎日でもいいから顔を出せ」と言われている。営業マンは顔を覚えてもらってからが勝負。彼はそういう教育を受けてきた。心理学的にいっても、それは効果のある方法といえる。人は顔を合わせる回数が多いほど、親密性が増す傾向がある。これを**「熟知性の原則」**という。何度も会えば打ち解けて好感を抱くものなのだ。

Hくんは、3カ月通いつめたA社に手応えを感じていた。A社のコピー機やファックスは年式が古く、買い替えを検討している。うまくパソコンやシステム構築まで受注することができれば、かなりの金額になる。そのため、Hくんは熱心にA社通いを続け、事務機器選定のキーマンである総務課長とはかなり親密な関係を作り上げた。

ひとつ気がかりなのは、2カ月前からライバル会社であるB社の営業マンも姿を見せていることだ。しかし、彼がA社に姿を見せるのは週1回程度。毎日通いつめている自分とは、レベルが違う。「熟知性の原則」は自分のほうに強く働いているはずだ。

ところが、驚いたことに、契約をB社にかっさらわれてしまった。毎日通い続けて、あれほど親しくなったのに、いったいどういうことなんだ。Hくんの頭は混乱するばかり。

しかし、偶然B社の営業マンが来訪する場面に遭遇した彼は、思わずうなった。B社の営業マンは、総務課長にこんなことを言っていたのだ。

「課長、昨日もうちで課長のことが話題に上ったんですよ。というのはですね……」

そういうことだったのか。してやられた。彼は即座に理解した。

直接顔を合わせている人間に、「熟知性の原則」が働くのはお話しした通り。しかし、そこには裏ワザもある。B社の営業マンが使ったトークテクニックのように、**来ていないときも「あなたのことを忘れていませんよ」ということを伝えると、相手は自分のことをよくわかってもらっていると錯覚して親密さを感じやすい**のである。おそらくB社の営業マンは、こうしたトークテクを使って、訪問頻度の少なさを補ったのであろう。

Hくんは毎日通っているから自分のほうが親密度は上だと考えていたが、実際は総務課長にとって両者の親密度はそれほど差がなかった。そうなると、あとは契約条件の差しかない。B社はHくんの会社より好条件を提示して、契約を勝ち取ったのである。

盛り上がったところで去る、これぞ「乞うご期待」の効果

心理学に**「ゼイガルニク効果」**と呼ばれるものがある。旧ソ連の心理学者の名前を取ったもので、**気持ちが高ぶったところで中断されると、高ぶった感情が記憶に残りやすい**というものだ。我々がよく経験するところでは、テレビドラマやマンガ。いよいよ話が盛り上がり、「次、どうなる?」というところで、「次回を乞うご期待」となる。見ているほうは、「え〜、もっと見たいのに〜」と残念に思うのと同時に、「絶対、次も見るぞ」と次回に期待する。

「僕は、それを意識的にやってますよ」

そう得意気に語るのは、週刊誌と月刊誌に何本も連載をもつ、売れっ子ライターのK氏だ。フリーライターは、出版社から仕事をもらってナンボの世界。それには編集者から、かわいがられることが大切。

「あいつに仕事を回そう」「あいつとまた組んで仕事をやりたい」と思ってもらうため、打

ち合わせでは、つねにゼイガルニク効果を意識するという。

「打ち合わせで、話が盛り上がって、『まだまだ話したいな』『まだまだ話を聞きたいな』というところで、『じゃあ、今日はこれで』と帰るんです。すると、『またアイツと話したい』となって、ふらっと遊びに行ったり、飲みの誘いなんかでも歓迎してくれますよ。そこから新しい企画につながることも多いですね」

では、どうやってまた話を聞きたいと思わせるのか？

「沈黙が続いて、もう話がないというところで終わると、相手にムダな時間だったという印象を与えてしまいますからね。1つか2つ、面白そうなネタをさっと話して、場を盛り上げたところで帰るんです」

もちろん、事前に打ち合わせのときに話すネタを常に1つか2つ用意しているという。

「席を立つとき、相手の顔に、ちょっと残念そうな顔が浮かんだら、〝勝ち〟です。次の仕事につながるなという快感がありますね」

なるほど。では、ふだんどんなネタを？

「それはまた今度。今日は時間なので、これで失礼します」

余韻を残し、あざやかに消えていったK氏であった。

次の指名を勝ち取るホステスは、お客のココを突く

お客に気に入ってもらうために、クラブのホステスたちはさまざまなテクニックを駆使しながら、気を引こうとしている。

銀座のとあるクラブの新米ホステスＯさんの場合は、お客をほめて乗せるテクニックを使う。たとえば、新興ＩＴ企業の社長が、これからのＩＴビジネスの行方について、連れの男性に熱っぽく語っているとしたら……。

「だから、ソーシャルメディアがビジネスを根本から変えていくんだ。ユーザーを無視した製品づくり、サービスづくりはもはや立ちいかなくなると思うよ」

Ｏさんには、正直言って、何を言っているのかさっぱりわからない。でも……。

「社長さん、すごく頭がいいんですね。感心しちゃう」

ここで必殺の殺し文句を使った。ところが、社長はニコッと笑いかけて「ありがとう」と言うだけで、また話に夢中になってしまった。Ｏさんのほうを見ようともしない。

その夜、店の営業が終わったあと、Oさんはママに呼ばれた。

「頭のよさをほめるのは間違いじゃないわね。でもね、タイミングが悪いわ。あなたの使い方じゃあ、お客さんは『ありがとう』と答えるしかないでしょう。それじゃあ、話は広がらないし、ほめ言葉で好印象を与えることもできないわ」

頭のよさをほめるのは、難しい話が出る前がいい。この場合は、IT社長がソーシャルメディアの話を始める前だ。

「はじめに名刺をいただくでしょう。それで、どんな職業かわかるから、だいたい知的かどうかも察しがつくはずよ。この人は頭がいいと踏んだら、二言三言話をしてから、『お客さんって、頭がよさそうですね。私、頭のいい人って大好き』というようにほめるのよ」

まだろくに話もしていないうちに「頭がいい」と言われたお客さんは、「そんなに知的に見えるのかな」とうぬぼれながら、「どうしてそう思う?」と聞いてくる。

「そう聞いてきたら、『話し方や雰囲気でわかりますよ』って、当然そうに言うのよ」

気をよくしたお客さんは、わざとちょっと知的な話を幼稚園児に教えるようにわかりやすく話してくれる。**それを興味深そうに、目を輝かせながら聞いているふりをしていれば、相手はますます気分がよくなる。**そこまでいけば、次の指名を勝ち取ったも同然だ。

ほめ言葉を使わずに相手をほめ落とす

与党の某ベテラン代議士の秘書を長年にわたって務めるN氏が任されている重要な仕事の一つは、人脈作り。親分の代議士は党の要職や閣僚も経験し、将来の総裁候補と目されている。総裁選で勝ち抜くには、シンパをたくさん持っていることが不可欠だ。

どうやってシンパ作りをするのか？

「それはやはりほめることでしょうね。ほめられれば、人間悪い気はしません。それは政治家とて同じこと。ほめれば、こちらにいい感情を持ってくれますよ」

でも、ただほめればいいというわけではないでしょう？

「そりゃあね。政治の世界は常に駆け引きですから、面と向かってほめても額面通りに受け取られない場合がある。見え透いたお世辞ととられることもありますし、またまわりから嫉妬を買うこともあります。だから、ちょっとしたテクニックが必要になるんですよ」

N氏が用いているのは、**第三者を介してほめ言葉が伝わる**という方法だ。たとえば、将来有望な若手議員をシンパに取り込みたいとする。そこでN氏は、ある策略を実行する。秘書に「○○さんは優秀だね。うちの親分もほめていたよ」と伝えるのである。それも、若手議員の秘書にではない。その秘書と仲のよい、別の議員の秘書に伝えるのだ。

「議員秘書っていうのはね、情報機関の役割も担っていますからね。秘書に話せば、議員に伝わるんですよ。しかも、秘書仲間の間ではウワサ話が飛び交っている。ターゲットの秘書の仲良しに話をすれば、間違いなくターゲットの秘書に伝わる。そうやって第三者を仲介させることによって、ほめ言葉の信憑性が高まるんです」

別の議員秘書に話をするときも、トイレで偶然隣り合わせたときに世間話のようにポツリともらすほどの念の入れようだ。そこまでやってこそ、**そのほめ言葉に真実味が出て、相手を信用させることができる**とN氏は言う。

あなたも、もしとりこみたい人間がいるなら、その人に近い人物にほめ言葉を伝えてみるのはどうだろうか？

その人物は、「○○さんが、キミのことをほめていたよ」とほめ言葉を伝言する。相手は、「そうか、○○さんは、オレのことを高く評価してくれているのか」と好感を抱く。その好感が、後に何かあったときに、こちらに有利な得点をもたらしてくれるのである。

STEP 12 好印象を演出するイメージ操作テクニック

相手と自分の共通項を強調すると親しくなれる

なじみのない環境で、知らない人と仲良くなるのは、案外むずかしいもの。新入生や新入社員時代に苦労した人も多いのではないだろうか。

でも、どんなところに行っても、すぐ周りの人と打ち解けて仲良くなれる人もいる。A君もそんな特技を持っている。新しい学校へ入学するときも、新卒で入社したときも、すぐに同期と仲良くなったという。

どうやれば、そんなに簡単に人と仲良くなれるのだろうか？

「簡単ですよ。共通点を見つければいいんですよ。たとえば、趣味が同じでも、郷里が同じでもなんでもいいんです。どこどこの誰々を知ってるといった共通の知人でもいいんですよ。とにかく、接点を見つける。共通項を見つければ、あとはもうすぐに仲良くなれますよ」

とA君。

心理学でも、人は自分と共通の要素を持つ者に好意を感じやすいことが確かめられている。ほとんど知り合いがいない状況では、誰でもちょっとした不安を持っていて、**お互いに共通点があるとわかったら、ことさら親密感を抱く**のだろう。

「新人時代だけではなく、日常でも人との共通項を見つけるのは大切ですね。人間関係を円滑にする大きな武器となりますよ」

そう言うのは、A君が勤める会社の人事担当C氏である。

よく企業トップは新入社員への訓示で「個性豊かな人間であれ」と述べるが、日本の企業社会では「それは建前でしかない」とC氏は言う。「日本は異質なものを排除する傾向が強いですからね。強すぎる個性は認められません」

出る杭《くい》は、いまだに打たれるわけだ。

「そんな日本の風土では、個性よりも同質、つまり共通項のほうが重視されるんです。学閥や同郷などがいまだに力を持っているのがいい例です」

だから、**企業に入ったら、上司や同僚との共通項を探しておくべきだ**とC氏は主張する。お互いに共通項を認識すれば、好意が形成され、仲間となれるからだ。

「人事はね、共通項でつながるラインも把握していますよ。社内のバランスをとるためにコントロールしなくちゃいけませんからね」とC氏はこっそり打ち明けてくれた。

上司のマネをすると出世が早くなる

みなさんは覚えているだろうか？　小泉純一郎首相が「郵政解散」で総選挙を行った結果、大量の新人議員、いわゆる小泉チルドレンが誕生したことを。おもしろいことに、小泉チルドレンの中には、小泉首相そっくりの口調で話す人がかなりいた。それだけ小泉首相に心酔し、影響を受けていたということだろう。

当時、この現象を笑う人もいたが、**心理学的に考えれば、ボスのマネをすることは案外悪くない**。アメリカでは、「出世したければ、ボスの猿マネをしろ」と言われているくらいなのだ。ファッションからヘアスタイル、趣味、持ち物、クルマから話し方まで、ボスのマネをしている人のほうが、明らかに出世が早くなるという調査結果もある。

すでにお話ししたように、人は自分と共通項、類似性がある人に好意を持つ傾向がある。

アメリカで同じ学生寮で生活する学生たちを調査したところ、彼らは趣味や性向でグループを作っていて、しかも仲の良い者同士はお互いに自分と同じパーソナリティを持つと感じていることがわかった。つまり、**自分に似た者を好きになる**ということである。

上司のマネがいかに有効かおわかりいただけるであろう。

上司のマネをしていると、上司はあなたを自分と似ていると感じる。似ていると感じれば、それは好ましいという感情になっていく。「かわいいヤツめ」というわけである。

ボスに好かれている者と好かれていない者、どちらが出世しやすいかは言うまでもない。好かれた者は、順調に出世街道を歩んでいくはずである。

問題は、いかにマネるかということより、あなたの気持ちにあるかもしれない。

本当に尊敬できる上司であれば、自分の行動を上司に合わせてマネをすることにあまり抵抗を感じることはないだろう。

しかし、そうではない場合、上司の猿マネをすることに「媚《こ》びている」と屈辱的な感情がわかないかどうか。マネをすることに抵抗感があるのに、無理やりマネをしていると、いずれ破綻《はたん》するし、嫌々のマネは上司にもすぐに伝わってしまうだろう。

たとえば同じカバンにするとか、スーツのブランドを合わせるなど、抵抗が少ないところからマネしてみてはどうだろうか？

できるヤツを演出したいなら、だんぜん四角いメガネ

人のイメージを決定づけるのは、第一印象の影響が大きいことがわかっている。

ある心理学の調査によると、四角い輪郭の顔は、力強さや行動力を感じさせ、逆三角形の輪郭の顔は、シャープでクールな印象を与えるという。たまご型の輪郭は優しくやわらかい印象を与え、丸型の輪郭はおおらかで親しみやすさを感じさせる。

パッと見た第一印象で、人はこんなイメージを抱いてしまう。だから、丸顔の人の中には、「なぜだか、いつもからかわれてばかり。仕事先でも信頼されているというより、いじられキャラだなあ。もっと頼りにしてもらいたいのに」と思っている人もいるかもしれない。

逆に、四角顔の人は、「どうしてもいかつい印象になってしまうから、女性に敬遠されがちだよな。ホントは心根はやさしく純なのに。外見だけで判断されてしまうのは損だよなあ」と感じることもあるだろう。

でも、あるものを使えば、顔の印象をガラリと変えることができる。

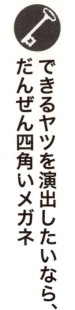

そう、メガネである。メガネの形によって、見る人の第一印象は大きく変わってくる。

どんなイメージになるかは、顔の輪郭とほぼ同じ。**四角いフレームのメガネ**は力強さや行動力をイメージさせ、「できる」という印象を与える。**丸いフレームのメガネ**は親しみを感じさせ、やわらかい印象を与える。**縁のないメガネや横長の細いメガネ**は、鋭くクールに見えるようである。

メガネが与えるこうしたイメージを利用すれば、自分の第一印象を操作することができる。丸顔の人はよく言えばおおらか、悪く言えば頼りなく見られることが多いので、四角いカチッとしたフレームのメガネをかけると「デキる」印象を与えることができる。

逆に、四角くいかつい顔の人は、丸みをおびたフレームのメガネをかけると、まろやかで親しみやすいキャラを演出することができる。

また、ちょっとクリエイティブな仕事についている人は、斬新な色やデザインのメガネをかけると、個性的で有能なクリエーターというイメージを強調できる。

いまはメガネも安くなり、簡単に買える時代。ＴＰＯに合わせて、メガネで自分のイメージをコントロールするのも悪くない。

仕事がいちばん大切な人にはこのお世辞が効果的

読者のみなさんが人生でもっとも大切だと思うものは何だろうか？　人それぞれ答えはあるだろう。

何を大切に思うかは人の自由。それにイチイチ文句をつける気はないが、気になる人や上司など、**これから濃いつきあいをしていかなければならない人が、何を大切に思っているかは知っておいたほうがいい**かもしれない。その答えによって、どんなアプローチをすれば効果的かわかるからだ。

たとえば、**「お金がいちばん大切」**と思っている人。

こういう人は、言うまでもなく世の中を損得で見ている。自分が得をするかどうか、儲かるかどうかが行動の基準になっている。

誤解のないように言っておくが、それが悪いと言いたいのではない。あくまで心理的傾向を述べているだけである。このタイプは、お金の匂いがすると猛然と努力をする。が、儲からないとわかると一気にモチベーションをダウンさせる。

「友達や家族が大切」と思っている人は、博愛主義でやさしい心の持ち主。友達が困っていたら、真っ先に駆けつけるタイプだ。逆に言えば、家族や友達を傷つける行為は許せない。こういう人に家族や友人を侮辱するようなことを言うのは厳禁。

「趣味（クルマや美術品、遊びなど）が大切」と思っているのは、マイペースな人だ。自分の好きなことが一番なので、それを乱されることを嫌がる。趣味を仕事に生かすことができると、ものすごい力を発揮する。

「仕事や地位がいちばん大切」と思っている人は、人の上に立つのが好きなタイプ。人よりまさっているという優越感にひたっていたいので、お世辞に弱い。仕事上の優秀さや地位をほめていい気分にするのが、このタイプをコントロールするコツ。

「いちばん大切なのは神様」だと思っている人は、俗世間にあまり関心を持っていない。自分が信仰する神様が絶対的な存在なので、うまくつきあっていくコツは、相手の宗教や神様に理解を示すこと。

ただし、あまり理解を示しすぎると、熱心に勧誘されてしまうので、注意が必要である。

時計を気にする人には単純明快な報告を心がける

上司といかにつきあうか。それは会社人生を大きく左右する問題と言っても過言ではないだろう。上司と良好な関係を築くためには、上司がどんなタイプの人間であるかを知っておくことが重要だ。

アメリカの心理学者メイヤー・フリードマンは、時間を気にする人と気にしない人の性格の違いを研究した。

それによると、**しょっちゅう時計をのぞいて時間を気にする人は、精力的に活動する傾向が強い**という。たくさんの仕事を抱えているので、時間に追われている。そのため、いつも時計をのぞき込んで時間を気にしているのである。

上司がそういうタイプの人間なら、報告や相談は要点を簡潔にまとめて、単純明快なものがいいだろう。時間を気にする人間は、ダラダラと時間をムダにするのが嫌いなのである。何事も要領よくやり、上司の手間をかけさせないのが、うまくやっていくコツだ。

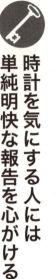

また、ちょっとしたことでイライラしがちなので、そんなときは近寄らないほうがいい。上司のタイプを押さえておけば、危険も事前に察知しやすいのだ。

一方、時間をほとんど気にしない人は、のんびり屋で細かいことは気にしないおおらかな性格である。反面、野心はほとんど持っていないので、頼りない面も見え隠れする。あなたが上昇志向の持ち主で、出世を望んでいるなら、このタイプの人間が上司だとイライラが募るかもしれない。

さて、あなた自身はどうだろうか？　時計を気にするタイプか、それとも気にしないタイプか？　性格については述べたので、もう一つ注意すべき点をお伝えしておこう。

時計を気にするタイプは、多くの仕事を抱え、時間に追われているので、強いストレスにさらされている。しかし、そのことを自覚していない人が多い。そのため、心筋梗塞《こうそく》や脳梗塞などの循環器系疾患のリスクが高いと言われている。

時間をあまり気にしないタイプの人は、のんびり屋なのでかかるストレスも少ない。循環器系疾患のリスクも、時計を気にするタイプの半分ほどだと言われている。

自分が時計を気にするタイプで、しかも野心家であるなら、定期的な健康診断は欠かさないほうがいいだろう。

上司の無理難題は賛成してから反対する

残念ながら、人間性の高い人間が出世するとは限らない。仕事の能力も高く、人間性も素晴らしい上司にめぐりあえれば最高だが、なかには無理難題を押しつけてくるパワハラ上司にあたってしまう人もいることだろう。

デキの悪い上司ほど、メンツにこだわる。無理な命令にまともに反論しても、まったく聞く耳を持たないだろう。むしろ、「上司に逆らう気か」と激怒してしまうのがオチだ。正義感から、愚かな上司と心中するつもりで上層部に告発するのも愚かしい。バカな上司には心理学で対抗し、上手にコントロールするテクニックを身につけよう。

たとえば、無理難題を言ってきた場合。通常、1年はかかる仕事を半年で仕上げろと要求してきた。「半年では不可能です」といってみても、上司は聞き入れてくれるはずもない。生意気な口答えをする部下として嫌われ、陰湿ないじめにあうかもしれない。

こんなときは、まず「おっしゃる通りですね」「わかりました」と、上司の命令を肯定的に受け入れてしまったほうがいい。

いばりたがる上司は、従順な部下を求める。だから、「わかりました」と受け入れられると、気分を良くする。そこですかさず「制作期間が6〜7カ月、検証に2カ月、半年はさすがに無理ですが、8カ月もあればなんとかできなくもありません」と話をすり替えてしまうのも手だ。

とりあえず、当初の1年より短縮できるめどが立つので、うまくいけば上司を納得させることができるかもしれない。

もし、それでも「半年でやれ」と譲らないなら、「わかりました。そうすると、このA工程とC工程の検証作業を抜かしてやるしかありません。その場合、こういう不具合が出てくるかもしれません」とリスクを提示してみる。この手の上司は、自分の責任問題に発展するのを避けようとするので、条件を緩和してくる可能性が高い。

いずれにしても、大事なのは、正面切って反論をしないこと。**いったん、相手の要求を受け入れて、その要求がいかに現実性の乏しいものかを気づかせる**ことが重要である。

このテクニックをうまく使えるようになれば、あなたに対する印象を損ねることなく、上司の無理難題を回避することができる。

心理テスト
12

３つの質問

次の３つの問いに答えてください。
①夫の葬式の席で、未亡人は心ときめく男性を見かけました。次の日､未亡人は子どもを殺害しました。どうしてでしょうか？
②あなたはマンションの６階に住んでいます。ベランダで下の様子をながめていると、男が女をナイフで刺し殺す光景を目にしました。男があなたに気づき、こちらを指さしています。男は何をしているのでしょうか？
③あなたは、心底憎んでいる人の家に忍び込み、その人を殺しました。ついでに子どもとペットも殺しました。なぜ、恨みとは関係ない子どもやペットまで殺したのでしょうか？

【解説】アメリカのＦＢＩも使っていたサイコパス診断の心理テストの一部です。あなたのサイコパス度は、どれくらい？

①普通の人の答え……子どもが邪魔になったから。
サイコパスの答え……「もう一度葬式があれば、またその人が来てくれるだろう」と思ったから。
②普通の人の答え……「通報したら殺すぞ」と警告している。
サイコパスの答え……あなたの部屋が何階か数えている。
③普通の人の答え……姿を見られたから口封じで殺した。
サイコパスの答え……家族そろってあの世で会わせてあげるため。

STEP 13

ヤバいときに使える㊙ピンチ脱出法

自分の間違いを帳消しにする魔法の言葉

「課長、どういうことですか！」

出社するなり、入社3年目のS君が、課長に食ってかかった。

「課長に言われたとおり、Aスーパーの食品担当者に会いに行ったら、『そんな話は全然聞いてない』と言われましたよ。この前、課長は、『Aスーパーとは、もう話はつけてあるから、適当な時間に行ってこい』と言ってましたよね！」

大変な剣幕で怒るS君。話を聞いた課長は、自分の間違いに気がついた。話をつけてあったのはBスーパー。それをうっかりAスーパーと伝えてしまったのだ。

だからといって「すまん、間違いだった」と言えば、部下の信用を失いかねない。課内での権威失墜につながる恐れもある。そう考えた課長は、次の一言を言い放った。

「どうだ、いい勉強になっただろう」。

キョトンとするS君に、課長は続けて言った。

「オレが話をつけてあるというのを鵜呑みにして、アポイントも取らずに出掛けただろう。相手も都合がある。必ず事前にアポイントを取ってから行けと、いつも言ってるだろう。事としだいによっては相手を怒らせて、取引停止なんてこともあるんだからな」

予想外にセリフに驚くS君。そういえば最近は、仕事に慣れてきて、仕事が雑になっているかもしれない。そんな自分の慢心を注意しようと、課長はあえて自分に失敗をさせたのだ。「課長は、それほど自分を見ていたのか」と、課長を以前より尊敬の目で見るようになった。

課長が語った「どうだ、勉強になっただろう」は、まさに上司や先輩に与えられた「魔法の言葉」と言っていい。人は失敗を重ねて成長するとされる。それを利用して、**自分のミスや失敗も、あえて部下や後輩に経験を積ませるためのものだったと、言い切ってしまうのだ。**

たとえウソであっても、相手が「そうだったのか」と思えば真実になる。それで自分への信用を失わずにすみ、部下や後輩も成長してくれるのだから、こんな便利な言葉はない。

間延びした口調で追及の勢いをそぐ

心にやましいことがあると、つい言い訳したくなる。あれもこれもと言いたくなり、口調も早口になりやすい。

だが、それこそ自分を追い込むもとだ。ふだんより早口な様子が、相手に不信感を抱かせやすいし、よけいなことまでしゃべって自らボロを出すことにもなる。

「ウソがバレそうになったときは、絶対ペラペラしゃべったりしないね。むしろ『え〜、どうしてぇ〜？　そんなことないよ〜』って、ゆっくりしゃべる」

自称「職業ヒモ」のUクン、浮気がバレそうになったときのごまかし方をそのように語る。効果は絶大だという。

Uクンの彼女、キョーコちゃんは、ソープランドにお勤め。一方、Uクンは無職。キョーコちゃんが働きに出ているとき、ついほかの女の子と遊ぶこともしばしば。

その日も女の子から電話がかかってきて、そのままホテルに直行。もちろんキョーコちゃんには内緒だが、この日は何か不審なものを感じたらしい。帰宅後、すでに帰っていたUクンに、詰め寄った。

「さっきケータイにかけたのに、出なかったでしょ。誰かと会ってたの？」

言外に、「どこかで女の子と遊んで来たんじゃないの？」と詰め寄っているわけだ。このときUクンがとったのが、ゆっくりしゃべる作戦。

「え～？　そんなことないよ～。ケータイにかけたんだ～？　おかしいね～」

といった調子だ。

不利なときは、あまりしゃべらず、のんべんだらりとしゃべって〝攻撃〟をかわす。古くは大平正芳首相が、よく使った手としても有名だ。野党から厳しく追及されたとき、大平首相は「あー、うー」を繰り返し、明確な返答を避けた。やがては野党もつかみどころに困り、追及がフェードアウトしていくのだ。

じつは大平首相、親しい人の前では「あー、うー」どころか、テキパキ論理的にしゃべる理論家だったという。明らかに野党の追及を避けるための「あー、うー」だったわけで、一国の総理大臣も立場がマズいときは、のろのろしゃべったほうが得だとわかっていたのだ。

敵からの攻撃をかわす味方同士の一芝居

「こんなもの、使えるわけないだろう！」

ビルの一室から、激しいどなり声が聞こえた。怒鳴っているのは、与党代議士のAセンセイ、怒鳴られているのは、新人秘書のB君だ。用意する書類を間違えたのである。

「申し訳ありません。すぐ違うバッグを持って来ます」と平謝りするB君。そこへさらなる追い打ちをかけるのが、先輩秘書のC氏である。

「だいたい君はふだんから注意力が欠けてるんだよ！　君がそんなだと結局、先生が恥をかくことになるんだからね！」

慌ててB君、奥の部屋に書類をとりに戻った。見送りながらC氏がセンセイに謝る。

「申し訳ありません。私の指導が行き届かないもので……」

「もういい。おまえがしっかり指導してくれれば。じゃあ、あとは頼んだ」

「かしこまりました」

C氏に聞いた。ずいぶん、B君に厳しいですね。

「いや、あれは芝居ですから」

少し照れた顔で、C氏は語る。

「あそこで僕がきつく叱らないと、センセイ、さらに癇癪《かんしゃく》を起こすんです。ほかのことまで文句を言いだして、B君ばかりか、周囲にもとばっちりが来かねない。でも僕が強く叱れば、センセイもそれなりに満足して、あまり癇癪を起こさずにすむんです」

もちろんこのことは、B君も了解ずみ。先輩秘書に強く叱られてへこんでいるように見えて、じつは芝居とわかっているから「これも仕事のうち」と割り切っているのだ。

この「センセイの怒り回避術」、じつは政治の世界ではよく使われている手法だ。党内議員の不祥事が発覚したとき、下手にかばいだてすると、火に油を注ぐことになりかねない。しかし、すばやく離党や除籍、解任といった処分を下せば、肩透かしを食って、なかなか責めにくくなる。そうしてほとぼりが冷めたころ、処分を撤回するのである。

本当にその人をかばいたい場合、味方につくのが必ずしも相手のためとは限らない。むしろ自ら〝敵〟のふりをして、本当の敵からの追及を避けるようにしたほうがいいことも少なくないのだ。

強面を逆転させるイメージ戦略

企業や自治体のなかには、イメージキャラクターを持っているところが少なくない。かわいく親しみやすい絵柄のキャラクターと関連づけることで、自分たちにも親しみを覚えてもらおうというわけだ。

こうした心理は、人間に対するときも同じだ。**人からどう見られるかは、ぱっと見の印象によるところが大きい**。目つきの鋭い強面《こわもて》な人には、近寄りにくく感じるものだし、えびす顔でにこにこしている人なら、よく知らなくても安心して話しかけられそうな気がする。

これをうまく商売に利用しているのが、テキ屋稼業を営むTさん。Tさんは話すと気さくなオッチャンだが、問題はガタイが大きいうえ、声がダミ声で大きいこと。しかも顔は強面で、お世辞にも優しそうとは言えないうえ、頬には目立つ傷痕まである。おかげで以前は、Tさんの店にはなかなかお客が寄りつかなかった。屋台で同じものを売っても、隣の店には客が来るのに、自分の店に来ないことはしょっちゅうだった。

「でも、あることがきっかけで変わったんですよ。隣の店でお面を売っていたので、子供へのみやげにしようと買ったんですが、置き場がなかったから腕につけてたんです。それを見た女性が、『面白いところにつけてるのね』なんて話しかけてきたんですよ」

少し話せば、Tさんが気のいいオッチャンであることはわかる。「じゃあ、これちょうだい」と、女性はTさんの店の商品を買ってくれた。

以後、Tさんは、人気キャラクターのお面を頭に載せたり、かわいいマスコットを首からぶら下げたりすることで、親しみやすさを演出した。強面のオッチャンとかわいいキャラクターというミスマッチがウケるのか、Tさんの店を覗く人が増えた。もちろん売り上げも、かつてとは比べ物にならないものになったという。

このTさんのやり方は、自分のイメージを一新したい人には、うってつけだ。顔がヤクザのような強面の人、秘密警察のような冷酷そうな人は、カバンやスマホにかわいいキャラクターのキーホルダーやスマホケースをつけてみる。「一見怖そうだけど、じつは面白い人かも」「案外、話のわかる優しい人かも」といった目で、見られるようになる可能性は高い。

無理な注文には、質問形式で言質《げんち》をとれ

「オレ最近さあ、上司や取引先のイエスマンになっている気がして、自分がいやになるんだよね。この会社、オレに向いてないんじゃないかなあ」

久々に大学時代の友人と会った、中堅商社に勤めるN君。少し酔いが回った頃、ついそんなグチをこぼした。連日、上司や取引先から、無茶な要求を言われる。立場の弱い身としては、黙って従うしかない。おかげで毎晩、残業続きである。

「そんなこと言うなよ。いま辞めたって、ロクなところに再就職できないぞ」

そう励ますのは、人材派遣会社に勤めるT君だ。

「そんなに大変なら、一ついいことを教えてやろう」

と言って、N君にこんなアドバイスをした。

「派遣社員もそうだけど、上からの無茶な指示に従わなければならないことは多いよな。そんなとき『そんなの無理です』と真正面から反発するのは、相手を怒らせるだけだ。こっ

ちの評価を悪くする。でも、**どうしてもひと言言いたいときは、質問の形を取るんだ**」

たとえば、こんなふうに――上司から「明後日までに、企画をまとめろ」と言われた。だがほかの仕事も抱えていて、とてもできそうにない。そんなときは「わかりました」といったん承諾したあと、「ただそうなりますと、○○の仕事は後回しになりますが、よろしいでしょうか？」とか「二つ同時に進行させることになりますが、大丈夫でしょうか？」などと質問してみる。

できるだけ二人きりでなく、周囲に人がいるところで聞く。ここで上司が、「もちろん○○の仕事も同時にやれ」と言えば、上司が無茶な要求を一方的に押しつけていると周囲に伝わる。その結果、前からの仕事や新しく言われた企画のまとめが中途半端なものになっても、「原因は上司の進行の仕方が悪かったから」という印象を与えられる。

仕事の大変さにはあまり変わりがないとしても、少しは溜飲が下がるし、同じようなことがたび重なれば、周囲の上司への評価が下がることもあり得る。立場の弱い者が、相手に不快感を与えずにできる、精いっぱいの反抗というわけだ。

人使いの荒い上司を持ってしまったら、これくらいのダーティトリックは必要だろう。それは、荒波を乗り切るサラリーマンの知恵だ。

言い訳の正当性を納得させる答え方

仕事にミスや失敗はつきもの。このとき、どのような報告をするかで、相手に与える印象はまるで違ってくる。もちろん、自分がいかに努力し、できるかぎり手を尽くしたかを伝え、相手にも「それは仕方ないな」と思わせることができれば、そこに越したことはない。だが現実には、いくら言い訳しても失敗は失敗。評価が下がることは、ある程度避けられない。

「そんなときでも、言い方しだいで、相手への印象をずいぶん変えられますよ」

こう自信たっぷりに答えるのは、某メーカーに勤務する人事課長のO氏である。例として、留年した大学生を面接するときの話をしてくれた。

「面接官としては当然、『なぜ留年したんですか。そんなに遊んでいたんですか』といった質問をしますね。ここでどう答えるかで、その学生への印象は大きく変わるんです」

「遊んでいたんですか」と聞かれて、「ええ、学生演劇をやっていて、なかなか授業に出られなかったんです」と答える学生と、「いえ、学生演劇をやっていたもので、そちらに夢中になっていたのです」と答える学生とで、どちらが真面目な印象を与えるだろうか？

それは後者のほうだ。「そんなに遊んでいたんですか」という質問に、「ええ」と答えると、遊んでいたことを認めるような印象を与える。だから、最終的にどう答えるにせよ、まず「いえ」と否定したほうがいいのである。

このように、あまりよくないことを聞かれるネガティブな質問については、まずは「いえ」で答えたほうがいい。**一般にネガティブな質問をするとき、質問者は相手が「いえ」と言うことを期待しているものだ。**そこを「はい」と言われると、がっかりする。あたかもやる気のない人間のように見えてしまうのだ。

「ミスや失敗の言い訳も同じ。『たるんでるんじゃないのか』と言われて、『はい、すいません』では、謝っているつもりでも、『たるんでました』としか聞こえません。まずは『いえ』と否定する。そのうえで謝るなり、言い訳するなりすることが大事なんです」

この言い訳術、もちろんO氏も自分がミスや失敗したときに使っている。

「だから、上司からのウケはいいですよ」

人を評価するのが仕事のO氏は、自分をよく見せる方法もちゃんと心得ているのだ。

理路整然と攻めてくる相手には具体論で対抗しろ

会社の同僚などで、「どうも議論で勝てない」という人はいないだろうか。さほど頭がよさそうには見えない。だが、ちょっとした議論になったとき、いつも言い負かされてしまう。相手の言うことが正しいとも思えないのだが、反論できないのだ。

「抽象的な議論をしたがる人に多いんです。でも実際は、たいしたことを言ってないことも多いですよ」

一見、議論に強そうな人の〝弱点〟を指摘してくれるのは、都心で小人数制の大学受験塾を営むG氏だ。進学塾だけに、講師には理屈っぽい人もいる。なかには講師仲間に議論をふっかけては、勝ったと悦に入るタイプもいるそうだ。

しかし、小論文指導も行っているG氏から見ると、そういうタイプの議論は穴だらけというのだ。

「学生の書くまずい小論文にも多いんですけど、一見理に適っているようで、じつは論理的でない説明は少なくないんです。よく『A＝B、B＝C、だからA＝C』といった三段論法を使う人がいますね。でも現実社会では、『A＝C』でないことも少なくない。それでも三段論法で説明されると、なんだか正しい気がして、反論できなくなる。とはいえ、実際には違うから、こちらにモヤモヤが残るんです」

そんなとき、どうすればいいかというと、具体論に持ち込むのがいいという。

理論上は「A＝C」であっても、現実に当てはめれば違うことは多い。そこで「じゃあ、A＝Cの具体例を教えてくれよ」と言うのだ。あるいは自分から「このケースは、A＝Cに当てはまらないけど、なんで？」と反論する。**具体論に持ち込めば、相手の議論のスキがつきやすいし、自分の意見の正当性も認めさせやすくなる。**

実際、G氏、抽象論ばかりの生意気な議論を吐く講師は、この方法で徹底的にやりこめるという。

「具体例の大事さは、学生に小論文指導するときも、しっかり教えます。ただ抽象的な話を書くだけでは、説得力のある小論文にはなりにくい。それよりも一つ二つ具体例を入れて、そこから自分が何を言いたいのか、一般論を述べる。これだけで説得力は、ぐんと増します」

電話より直接会ったほうが相手の怒りを鎮められる

仕事で大きなミスをしてしまい、取引先に大きな迷惑をかけてしまった。一刻も早く相手に謝罪しなければならないが、こんなときは相手にあわせる顔がない。できれば、電話での謝罪ですませてしまいたい。そう思っている人も多いのではないだろうか。

直接会えば、何を言われるかわからない。こっぴどく怒られるだろうし、最悪、出入り禁止を宣言されてしまうかもしれない。足が重いのもよくわかる。

しかし、相手の怒りを最小限にとどめたいと思うなら、電話での謝罪よりも、むしろ直接会って謝ったほうがいい。

まず、どうして直接謝罪に来ないのかと相手の怒りの火に油を注ぐことになりかねない。電話で謝っただけでは誠意が足りないと、怒りがますます増幅して問題が大きくなる恐れがある。

さらに、電話では相手の顔が見えない分、感情が伝わらず、言葉のみの伝達になるので、相手は正確な情報を求める。なぜ失敗が起きてしまったのか、誰の責任なのか、これからどう回復措置をとるのかなど、事細かに事情の説明を求め、そのすべてに対応しなければ納得してくれないだろう。

一方、直接会って謝罪をすると、相手はこちらの表情や姿勢を見ることになる。**申し訳なさそうな表情や震える声、冷や汗、全身にあふれる緊張感など、言葉以外の情報が自然に伝わっていく。**

はじめは激高していても、青ざめた表情の情けない姿を見て、「そろそろここら辺で矛《ほこ》を収めてやろうか」という気になりやすいのである。電話では怒鳴り散らしていたのに、会って謝ると、それほど怒られなかったということがよくあるが、それはこんな人間心理が働いているのだ。

だから、電話だけで謝罪をすまそうと思うのは、かえって逆効果。直接面と向かって謝ったほうが、はるかに問題を簡単に収めることができる。

ただし、離婚がらみのいざこざは、当事者同士が顔を合わせると修羅場になりやすい。弁護士を代理人に立てるなど、冷静に対処できる人間が間に入らないと話がまとまらないということもありうるから注意が必要だ。

【参考文献】

『悪の心理術』多湖輝（ごま書房）／『「人たらし」のブラック心理術』内藤誼人（大和書房）／『他人の心は「見た目」で9割わかる！』多湖輝監修（大和書房）／『「心理戦」で絶対に負けない本』『「心理戦」で絶対に負けない本・実戦編』『「心理戦」で絶対に負けない本・勝者の法則編』伊東明・内藤誼人（アスペクト）／『「ワル」で成功する技術』斉藤一真とデータタンク編（廣済堂出版）／『ワルの心理学』心の謎を探る会編（河出書房新社）／『ワルの知恵本』『またまたワルの知恵本』門昌央と人生の達人研究会編（河出書房新社）／『なぜ、占い師は信用されるのか？』石井裕之（フォレスト出版）／『なぜ、詐欺師の話に耳を傾けてしまうのか』多田文明（彩図社）／『悪の殺し文句』向谷匡史（幻冬舎）／『弱者のための喧嘩術』清谷信一（幻冬舎）／『図解・ワルの実戦心理術』向谷匡史監修（イースト・プレス）／『セクシー心理学』大和まや・ゆうきゆう（インデックス・コミュニケーションズ）／『人は「暗示」で9割動く！』内藤誼人（すばる舎）／『トップ営業が使う説得学』榊博文（ダイヤモンド社）／『ホストの出世術』向谷匡史（KKベストセラーズ）／『ホンネを見抜く心理学』樺旦純（成美堂出版）／『「キャバクラ」の心理学』山本信幸（インデックス・コミュニケーションズ）／『キャバクラ式交渉術』神樹兵輔（日本文芸社）／『カネと非常の法律講座』青木雄二監修（講談社）／『サギの手口』夏原武（データハウス）／『上手な話し方の技術』櫻井弘（中経出版）／『トップ営業が使う説得学』榊博文（ダイヤモンド社）／『完全探偵マニュアル』渡邉文男（徳間書店）／『中谷彰宏の交渉塾』中谷彰宏（サンマーク出版）／『ヤクザの実戦心理術SP』向谷匡史（KKベストセラーズ）／『インタビュー術』永江朗（講談社現代新書）／『小さな会社が低予算ですぐできる広告宣伝心理術』酒井とし夫（日本能率協会マネジメントセンター）／『非言語コミュニケーション』マジョリー・F・ヴァーガス（新潮社）／『心理操作ができる本』渋谷昌三（三笠書房）／『ワルに学ぶ「実戦心理術」』ライフビジョン21（三笠書房）／『必ずイエスといわせる心理学』斎藤勇（三笠書房）／『ビジネス《最強》の心理術』樺旦純（三笠書房）／『その道のプロが鍛える実戦「会話力」!!』知的生活追跡班編（青春出版社）／『他人の心理が面白いほどわかる！』おもしろ心理学会編（青春出版社）／『必ず誰かに話したくなる心理学99題』岡崎博之編著（宝島社）／『彼と彼女の科学的「恋の法則」』藤田徳人（王様文庫）／『つい、試したくなるおもしろ心理分析』『怖いくらい人を動かせる心理トリック』樺旦純（王様文庫）／『対人力の心理学』樺旦純（ぶんか社）／『ドリルで学ぶ恋愛心理学』伊東明（扶桑社）／『相手を動かす心理学』齊藤勇（PHP研究所）／『週刊SPA！』（扶桑社）／『週刊文春』（文藝春秋）／『週刊新潮』（新潮社）／ほか

※本書は『すぐに試したくなる　実戦心理学！』（小社刊／2007年）、『ダマされちゃいけない!?　駆け引き上手の㊙心理学』（小社刊／2008年）の内容を再構成し、加筆、修正、改題のうえ一冊にまとめたものです。

編者紹介

おもしろ心理学会
人間心理の謎と秘密を解き明かすことを目的に結成された研究グループ。不可思議な心のメカニズムを探るとともに、その研究成果を実生活に活かすため、日々努力を重ねている。

すぐ試《ため》したくなる！
実戦心理学大全《じっせんしんりがくたいぜん》

2017年1月5日　第1刷

編　者　おもしろ心理学会《しんりがっかい》

発行者　小澤源太郎

責任編集　株式会社プライム涌光
電話　編集部　03(3203)2850

発行所　株式会社青春出版社

東京都新宿区若松町12番1号〒162-0056
振替番号　00190-7-98602
電話　営業部　03(3207)1916

印刷・大日本印刷　製本・ナショナル製本

万一、落丁、乱丁がありました節は、お取りかえします

ISBN978-4-413-11199-7 C0011